JN409140

△ 저자 근영

△ 가족사진 : 오른쪽으로부터 남편, 작은아들, 딸, 저자, 큰아들(1975년)

△ 3남매의 가족사진(2010년), 원 안의 아이는 저자의 증손자

△ 중앙시니어센터에서(문예반 일동, 2010년 봄학기)

△ 시집 출판기념회를 마치고(문예반 일동, 2008.3.18.)

△ 큰집 · 작은집 가족일동(김포공항에서, 2011.7.9.)

△ 손녀딸 결혼 후 센디에고동물원에서(2010년)

은선 이순례 팔순기념문집

시와 산문

이 순 례 지음

조선문학사

■ 시와 산문집을 내면서

팔십 평생을 함께 해주신 하나님께 먼저 감사를 드립니다. 언감생심 내 평생에 책을 펴내리라고는 생각도 못했습니다. 노인복지사회 일환으로 10여 년 전에 중앙시니어센터가 개설되어 많은 시니어들에게 유익한 실생활 연장선상에서 새로운 생활에 의욕과 도전을 갖게 했습니다. 그 중에 문예반 클래스를 두고 시인인 한밀 이경주 선생님이 10년 넘도록 최선을 다해 지도해주셨습니다.

저도 늦은 나이에 소녀 때 글쓰기를 좋아하던 미련을 버리지 못해 문예반에 발을 들여놓으면서 원고지와 씨름한지 어언 10년입니다. 막상 시와 산문집을 내려고 하니 80 나이의 내 가슴이 맞선 보는 열여덟 아가시 나이처럼 고동침을 느낍니다.

게다가 또 늦은 나이에 컴퓨터를 배우고 타자를 하다 보니 눈도 침침하고 손도 떨리고 돋보기 너머로 느린대로 애써 한 조각 두 조각 맞춰 조각보 만들듯 만든 글밭들이 어느 순간 어디론가 날아가버릴 때면 울고 싶을 정도로 안타깝고 힘들었습니다.

2008년 2월에 『노을 진 들녘에 선 사슴의 노래』 의 11인 동인 시집을 펴낸 일이 있었지만, 정말 이 책을 펴내기까지는 여러 해의 세월이 걸렸습니다. 재주 없는 글 솜씨에 몇번을 포기하려 하다가도 삼남매의 간절한 요망과 격려에 녹아 80번 생일을 기념으로 이 책자를 펴내게 되었습니다. 정말 고사리 같이 덜 익은 글이지만 한 인간의 소박한 생각을 진솔하게 엮은 글이라고 말씀드립니다. 비바람에 눈보라에 날아간 꿈들을 불러 모아 완성을 하게 되었습니다.

책을 펴내려고 하니 또 고마운 분들의 면모가 떠오릅니다. 십년 넘게 수고해 오신 이경주 선생님께 진심으로 감사를 드립니다. 그리고 늘 문예반을 격려해 주시고 문예반 환경을 염려해 주시던 디렉터 전혜성 박사님과 윤송숙 사무장님의 고마움도 잊을 수 없으며, 또 같은 반에서 문장 공부에 열정을 함께 하던 문동이들의 고마움도 잊을 수 없습니다. 그리고 이 시와 산문의 편집과 발문으로 격려해주신 조선문학 발행인 박진환 박사님께도 깊은 감사를 드립니다.

2013년 8월

은선 이순례

■ 賀書

은선(恩宣) 이순례(李順禮) 팔순기념문집

먼저 80수연을 축하드립니다. 아울러 80수연 기념문집을 출판하게 됨을 진심으로 경하 드립니다. 아직도 고운 얼굴에 80을 찾아볼 수 없는데 어느새 세월은 80성상을 접었습니다.

은선님이 중아시니어센터에서 문창공부를 시작한지도 시나브로 10년이 넘었습니다. 십년이면 강산도 변한다고 했는데 은선님은 하나도 변한 것이 없이 꾸준히 나이와 상관없이 시학에 열심이셨습니다.

글 속에 은선님의 성품이 녹아 있습니다. 돈독한 신앙심이 배어 있고 온화한 전원의 평안이 있고 어머니가 있고 사랑이 있고, 그리고 시가의 홍두평 마을이 있습니다. 그러면서 젊은 사람 못지않은 기지와 유머 시적 감정이 풍부하다고 하겠습니다.

황금바다 벼이삭
구수히 익는 넓은 들녘
긴 여름
새떼 쫓는 땀속에 힘든 허수아비

알알이 익어가는

기름진 들녘 보고
풍요의 기쁨 속에 즐거운 콧노래
밀짚모자 삐뚜름히 코믹한 허수아비

월급 주급 없어도
충직한 마음에
풍년의 들판에 서서
쫓던 새를 불러 모아
벗으로 추억을 접는
멋쟁이 허수아비

- 저자의 「허수아비」 전문

은선님은 2008년 2월에 『노을 진 들녘에 선 사슴의 노래』의 11인 공동시집을 조선문학사 발행으로 출판했으며 『그루터기』 1, 2집을 문예반 공동으로 펴내는 등, 창작활동에 열성적이셨습니다.

바라기는 은선님도 일본의 100세 시인 시바타 도요님처럼 건강하시고 꾸준히 아름다운 시와 함께 수필을 쓰시기 바라며 노년의 문운을 기원합니다.

2013년 8월
한밀 이경주

■ 賀書

어머니의 팔순기념문집 출판을 축하드리며

어머니의 팔순을 맞이하여 출판하시는 시와 산문집을 저희 삼남매가 진심으로 축하드립니다. 보이시는 겉모습은 약해 보이셔도 어머니의 의지는 이 세상의 어느 것보다 강하시고, 불가능해 보이는 일들도 인내로써 이루어 나가시는 모습을 이번에도 다시 한 번 지켜보면서 사뭇 숙연한 마음이 듭니다. 게다가 여기에 수록된 글들은 어머니께서 손수 짓고 쓰셨을 뿐 아니라, 80 연세에 컴퓨터를 배워 가시면서 한자 한자 옮겨 치시고 이렇게 책으로 내시는 것이기에, 생각 할수록 신기하고 과연 우리 어머니시구나, 하여 그저 존경스럽고 기쁘고 감사할 뿐입니다.

비슷한 연배의 한국의 모든 어머니들이 그러셨듯이, 우리 어머니께서도 어려운 환경 속에서 마음껏 꿈을 펼쳐볼 기회를 갖지 못하셨습니다. 그럼에도 한 번도 좌절하거나 한탄하시는 법이 없이, 기회가 닿는 대로 항상 모든 일에 열심히 그리고 최선을 다하며 살아오셨습니다. 물론 그 일생은 자신을 위한 것만은 아니었습니다. 가정과 남편과 자식들을 위한 '자기부인과 비움'의 나날들이었습니다.

그런데 그렇게 부인되고 비워진 어머니의 삶이 그 부정과 비워짐 속에 진정한 어머니의 모습을 담고 이 작은 문집을 통해 되살아났습니다. 가버린 날들, 가버린 남편, 가버린 꿈에 대한 이야기가 눈물어린 과거에 대한 추억담으로서가 아니라, 아주 건강한 여인의 이야기, 어머니의 이야기, 마침내 아름다운 한 인간의 이야기로 저희에게 다가왔습니다. 왜냐하면 가족을 위한 그 모든 희생이 곧 어머니의 삶이었고, 그 희생으로 가능했던 우리들의 삶이 곧 어머니의 이야기라는 것을 발견했기 때문입니다. 아마 이 세상에서 남의 삶을 내 삶으로, 남의 이야기를 내 이야기로 삼을 수 있는 유일한 사람이 있다면 그분이 바로 어머니라고 믿습니다. 어머니는 언제나 그러셨습니다. 그리고 이러한 어머니의 모습은 "인생은 건설할 대상이 아니라 연소할 대상이다"라는 까뮈(A. Camus)의 말을 연상시키며 저희들에게 큰 도전이 되어 왔습니다.

특히 저희들에게는 저희의 생명을 품으시고, 돌보아 기르시고, 마침내 생명의 본분을 다하라고 세상을 향해 놓아주신 어머니이시기에, 이번 어머니의 팔순과 이 문집이 갖는 의미가 '어머니의 부활', '어머니 이야기의 부활'로 각별하지 않을 수 없습니다. 어머니는 이 세상의 어느 누구로도, 어떤 것으로도 부정될 수 없는 분이시기에, 그분이 제자리를 찾으시는 것처럼 느껴졌기 때문입니다. 어머니의 글들을 통하여, 지난한 시대였으나 믿음으로 그 험산준령을 넘어오신 어머니의 일생을 되돌아 볼 수 있게 되고, 어머니의 존재감을 더 장엄하게 느끼게 됩니다. 가히 어머니와의 새로운 만남이라고 할 수 있습니다.

팔순에 문집을 내시는 것, 그것이 어머니의 자기 확인이든, 아니면 못내 사라지면 안 되는 지난날을 붙잡아 놓고 싶은 영원에의 희구이든, 저희는 그저 이 일이 어머니의 삶의 진솔한 서사이면서도 거기에 그치지 않고, 어머니의 인생에 새로운 장이 열리고 펼쳐지는 미래지향적 사건이 되기를 바라고 간구합니다.

어머니, 37년 전, 아버지와 사별하시고 평생을 저희 삼남매를 위하여 희생과 수고를 아끼지 않으시고 눈물의 기도로 키워주신 그 사랑, 저희들의 감사한 마음을 어찌 말로 다 표현할 수 있겠습니까? 어머니, 우리 세 남매에게 어머니로 때론 친구로 용기와 힘이 되어 주시고, 신앙의 본이 되어 주시며 디딤돌이 되어 주신 것 감사합니다. 어머니, 그리운 아버지와 주님 앞에서 재회하시는 그날까지, 늘 건강하시고 주님이 주시는 평안함 가운데 행복한 여생이 되시기를 기도합니다.

어머니, 사랑합니다.
우리 어머니를 주신 하나님, 감사합니다.

철기, 병기, 민영 드림

시와 산문 차례

제1부 시편

제2부 산문편

■ 발문

제1부

시 편

분꽃이 피면

우물 가에 핀
분꽃을 보고
어머니
저녁 준비 하신다
그
옛날엔
시계가 없어서
어머니는
분꽃이 시계였나 봐

진분홍 연분홍
색색으로 아름답게 핀
분꽃 향기를
어머니는 유난히 좋아 하셨다

지금도
예쁜 분꽃 속에서
청순 하고 자애하신
어머니를 본다

엄마

내가 처음 태어나서 제일 먼저 부른 그 이름 엄마
엄마는 끊을 수 없는 가장 가까운 동무
엄마는 없어서는 안 되는 존재

엄마 가슴은 봄철 언덕에 푸른 잔디밭
엄마 가슴은 넓은 바다
엄마 가슴은 비단방석

엄마는 아프지 않고
엄마는 안 먹어도 배고프지 않고
엄마는 잠 못 자도 건강하고
엄마는 힘들어도 울지 않고
울 엄마는 아무것도 모르는 바보인가 봐

외로울 때 엄마가 그립고 아플 때 엄마가 그립다
천둥 번개 칠 때 엄마 품이 안전하고 무섭지 않다
하루 천만 번 불러도 또 부르고 싶은 그 이름 엄마
엄마! 엄마!! 엄마!!!!

위대하신 어머니

어머니는
고난의 시대에 사시면서
허기진 배를 움켜 안고
가슴에 많은 한도 맺히셨지만
속울음으로 삭히시던 어머니

머리카락 하나 흩어 진적 없이
단정하시고 고우셨던 어머니
그토록 위대하신 어머니 모습이

마치 아무도 보는 이 없이
피었다가 지는 지순한 들꽃처럼
그렇게 왔다가 가신 것만 같아
마음이 찢어집니다

그 무한 위대하신 어머니
모습과 사랑을 가슴에 담아
영원히 보듬고 싶습니다

카네이션

지난 5월 9일
교회에서 어머니 주일 지키고
빨간 카네이션을 가슴에 달았습니다
나는 카네이션을 통해
어머니의 그리움이 파도쳐 왔습니다

자상하시고
다함이 없으신 숭고한 어머니의 사랑이
시네마스코프 화면처럼 스쳐갔습니다

감사의 눈물
불효의 눈물이
카네이션을 더 빨갛게 물들였습니다

고운 향기 속에
겹겹이 쌓인 꽃 속에서
웃음 띤 어머니를 보았습니다

이 여식
팔순의 할미 되었어도
어머니
어머니
어머니 젖무덤 만지며
응석 부리고 싶습니다

어머니
이 여식 가슴에 꽂은
빨간 카네이션을
천국에 계신
어머니 가슴에 달아드리고 싶습니다

어머니 주일

그리움이
폭포처럼 쏟아집니다

우리들에게 남기신
사랑의 흔적
눈물로 씻어봅니다

예전에 알지 못한 그 크신 사랑
어미 된 이제야 알 것 같습니다

오늘이
5월 10일 어머니 주일입니다
불효한 마음 아프게 뉘우칩니다
팔순 나이에도 그 이름 그리워
어머니!
어머니!
불러봅니다
대답 없는 소리에
부르는 소리 허공에 물너울로 퍼져갑니다
애타는 마음

빨간 카네이션으로 엮어
천국에 계신
어머니 가슴에 달아드립니다

등잔불

새벽 첫닭 울 무렵
새벽기도 마치고
희미한 등잔 밑에 쪼그려 앉아
한 땀
한 땀
눈 부비며 짠
오 남매의 무명버선 열 짝

작은 등잔불 아래
새벽잠 쫓으시며
사랑을 눈물로 쓰신 은혜로
무명버선 신고 자란 오 남매

우리 오 남매
심지 타는 등잔불 아래
어머니 기도 먹고
어머니 눈물 먹고
어머니 사랑 먹고 성숙하니
어머니 희생과 혜육의 은혜임을
감사합니다

오늘도 천국
등잔불 아래서
오 남매를 위해 기도하실 어머니
그리워 불러봅니다
어머니!
어머니!!

홍두평 마을의 신혼의 봄

우리 꿈의 보금자리
홍두평 마을

경기도 김포군 고촌면 사우리
물 좋고 인심 좋은 곳
물새 울어대는 축복의 땅

한강물 유연히 흐르고
언덕 위 늘어진 수양버들 아래
물새 풍덩이고
개나리 냉이꽃 무리 핀 강 둔덕에
호랑나비 흰나비 둘레춤 추고
흰 구름 한 점 없는 파란 봄 하늘에
우리는 신혼의 황금빛 꿈을 그렸지

희망의 계절
부활의 계절
뻐꾹새 봄을 깨우는
축복의 훈풍 속에
미래의 사랑을 설계하던
우리의 보금자리 홍두평 마을

홍두평의 강둑

은색 억새풀 길
한 뜸 한 뜸 사랑 엮을 때
한강물 침묵으로 뒤따라오고
풀벌레 숲속에 찌르르 정답게 웁니다

억새풀 서걱이는
홍두평 강둑에는
그대의 긴 발자국 아직 남아 있겠지

그대 떠난 빈 자리
홀로 걷는 이 마음에
아픈 추억만이
홍두평 강물과 함께 흘러갑니다

※ 홍두평은 경기도 김포군 사우리에 있는 마을 이름.

봄비

주룩
주룩
봄비 멈출 줄 모른다
종일
슬프게
봄비 우산 속을
당신과
나
손잡고 거닐던 오솔길
꽃 그림자 밟으며 속삭이던
일곱 빛깔 무지개의 꿈
아련히
빗속에 젖어 온다

개화산의 봄

올해도 개화산엔 봄이 왔겠지
산책길에 핀
노란 개나리 매화
문득 고향의 봄이 그립다

봄이 오면
진분홍 진달래꽃
노란 산유화 흩어지고
녹음방초 우거진 숲
뻐꾹새, 직박구리, 산새 우짖는 봄들에
그 옛날
동무들과 손잡고 꽃 따러 가던 길
철없이 노래 부르며 뛰놀던 어린 시절
내 어릴 때 놀던 고향의 봄

올해도
내 그리운 고향 개화산에도 봄은 왔겠지

쑥버무리

봄이 오면
어머니는
뒷뜰에 파릇파릇 돋아난
새 쑥을 뜯어
쌀가루에 무쳐 쑥버무리를 해주셨다

쑥버무리는
접시그릇에 담겨져
어머니의 사랑이
집집에 전해진다

어렸을 때
맛있게 먹었던 쑥버무리

봄에 들에 퍼져
새 쑥 끝이 파릇파릇 돋으면
어머니 생각이 못견디게 그립다

저 멀리
구름 너머 바다 건너
지구의 반대편 고향 땅엔
올봄에도
야들야들 파란 쑥 끝이 돋아나겠지

어머니를 기다리는 쑥들이…

4월이 좋아

집집마다
노란 개나리
빨간 수선화 활짝 웃고
노랑 빨강 예쁜 튤립
햇볕에 방실대는 보랏빛 목련화

능선의 수목들 선잠깨어 눈 부비고
뻐꾹새 우는 숲 속에
봄을 줍는 아가씨 나물 바구니에
봄이 방긋 웃고
밭가는 황소의 워낭소리 딸랑딸랑

꽃피고 새우는 소망의 4월
뻐꾹새 등에 업혀 달려온 봄
봄 속에 피어나는 유년의 추억
아
나는
추억이 피어나는 4월이 좋아

보리밭의 합창

신록의 첫 여름
삼라만상은
초록 드레스 갈아 입고
소슬바람의 파란 합창

은방울 이슬 구슬
눈썹 끝에 간질이고
보리밭 이랑에
송이송이
하얀 냉이꽃

향수에 젖은 호랑나비
동그란 미소

5월의 따가운 햇살
구수히 익는 보리이삭
종달새 풍년가
파란 하늘을 업는다

매미

칠 팔월이면
느티나무 우듬지에
매미의 시원한 울음소리
온통 숲을 흔들어요

청명한
매미의 울음소리
하늘도 맑게 해요

긴 해의 들녘
농부의 땀에 젖은 적삼에도
매미 울음소리
땀을 식혀 주네요

여름의 악사는
우리들의 마음을 시원케 해줘요
맴맴맴…

여름밤

밤 깔린 뜨락에
보리까라기 모깃불을 피웠다

매콤히 쏘는 내에
모기떼 얼씬 못한다

넓은 왕골멍석 위에
저녁상 물린 식구들
도란도란 오순도순 평화롭다

지붕위에 박덩어리 달빛을 베고
별빛 쏟아지는 시냇가에 개구리 메들리
뭇 벌레 숲속에서 사랑의 세레나데
축제의 분위기로 북적이고

아이들은
까라기 모깃불에 파묻은 애기감자
호호 불어 먹으며
할머니의 구수한 옛이야기에
여름밤은 깊어간다

가을이 오는 길목

매미 울음 식은 들녘
넓은 하늘우산 아래
오곡백과 황금물결
높새바람에 출렁이고

짚가리 한철 만난 참새 떼
품 잃은 허수아비 어른이
헌 삿갓 낡은 적삼
외다리 서럽구나

풍요 가을 추수하면
풍년가 굿중패 상쇠소리
얼씨구 절씨구 동네 어귀 진동 할 제
처녀 총각 부푼 꿈
가슴마다 달아 온다

익어가는 가을

천리 광야에
오곡백과 익어가는 소리

황금파도 넘실대는 논밭에
농부들의 흥겨운 콧노래
땀방울 흘려 풍년 거둔다

언덕 위 노란 들국화
장독 아래 맨드라미
담장 앞 오색 코스모스
모두 익어간다

풀섶 밑
귀뚜리 울음소리도
공부방에서 책 읽는 소리도
모두
가을 속에 익어간다

가을

산과 들
빨간 단풍잎
한 잎
두 잎
그리움 떨군다

매미
울음소리 걷힌 후
풀섶에
노란 들국화의 동그란 미소

가을 줍는
다람쥐 마음 설레고
거울 같은
호수에 흰 구름 한가롭다

아-
가을은 모두 익는 계절
들에는 곡식이 익고
산에는 단풍이 익고

처녀
총각
사랑도 익는다

가을은
풍성한 계절
잘 차린
만찬의 밥상 같은 계절

가을비

가을비 촉촉이 내린다
오랜 가뭄 끝에 단비다

시들어 고개 숙인
초목에 보약이다

고갈했던 대지의 화초들이
금방 윤기를 토하며 생기로
약동한다

비
가을비 촉촉이 내린다

단풍 든 나무마다
목욕하고 선명한 빛깔이 맑게
생명의 존귀를 드러낸다

산속의 다람쥐
보약 먹고 깡충깡충
단풍잎 우산 쓰고

산 너머 고개 너머 할머니댁
나들이가 한창이다

가을비 마시면서

단풍잎에 적은 사연

별같은 어머니 사랑
빨강 단풍잎에 그립니다
곱게 물든 값진 사연들
노랑 단풍잎에 채곡채곡 담습니다

세월이 흘러 갈수록
더 가까이 들리는 사랑의 음성
만질 수 없지만
더 진한 어머니 향기

볼 수 없으나
자비하신 모습 뚜렷이 그려집니다
무병장수 축복기도 울음섞인 그 음성
오늘도 들립니다

낙엽 되어 뿌리 덮고 썩어
옥토로 회생하는 단풍잎 사랑 같이
남김없이 주신 사랑 어머니 사랑

인생의 노을 앞에 서서 사랑의 사연들을
단풍잎에 적어 봅니다

낙엽

새들의 울음소리
바람소리
졸졸졸
실개천 흐르는 소리

소복
소복 쌓인 낙엽 밟으며
바스락 바스락
낙엽과 대화를 한다

낙엽은,
생명은 유한한 것
가지를 떠나는 아픔 안고
겨울 앞에 벌거벗은 나무를
가엾어 애달파한다
"엄동설한은 다가오는데…"

황혼의 들에
지는 해 속에
삶의 추억을 밟으며
바삭바삭
낙엽과 대화를 한다

고향의 코스모스

정든
내 고향 들녘엔
연분홍 진분홍
노랑 빨강
색색 고운 자태의 코스모스
올해도 피었겠지

가는 허리
살랑살랑 미풍에
향기 풍기며
엄마가 심어 놓은 코스모스
올해도 뒤뜰에 정겹게 피었겠지

울 엄마
좋아하던 코스모스
화관 만들어
내 머리에 얹어주시던 엄마

엄마는 가고 없어도
뒤뜰에 코스모스 지천으로 피어있겠지

이 가을에도
고향집 뒤뜰에 핀
코스모스 고운 잎에
그리운 엄마의 웃는 얼굴 그려본다

울 엄마
좋아하던 코스모스

눈

그리운 님
따스하게
저 높은 하늘에서

펑 펑 펑
함박눈 되어
사랑의 축복으로

메마른 대지에
하얀 순결을 덮으니
지친 영혼마다
님의 품에 안식 얻으리

겨울 바다

갈매기 반겨주는 겨울 바다
한랭한 해풍을 안고
거세게 밀려오는 하얀 파도
향긋한 바다 향기
상쾌하게 가슴을 연다

아득한 수평선 저 멀리
넌지시 떠 있는 흰 구름
그대 함께 거닐며 사장에 찍은
사랑의 발자국
얇은 파도 지워가던 그날
긴 세월의 그리움 추억 속에 머물고

소리없이 내린 어둠 사이로
깜빡깜빡 등댓불
님의 얼굴 비춘다

겨울에 우는 새

덧없이 흘러간
세월 뒤돌아봅니다

꽃피고
새 우는 새 봄
예쁜 미소로 고운 노래 불렀습니다

녹음이 우거진 숲속
시원한 매미소리 들으며
희망의 노래도 불렀습니다

알알이 익어가는 황금들
고운 단풍이 물드는 산과 들
달밤 풀벌레 소리에 시도 썼습니다

긴긴 밤 내리는 흰 눈 밟으며
동경(憧憬)의 나래를 활짝 펴고
인생의 무지개 꿈도 그렸습니다

시나브로
흘러간 세월 그리워
이 겨울에도 새는 웁니다

시(詩)는 인생(人生)이다

몸은 석양(夕陽)의 들에 뉘엿거려도
눈빛은 총명한 학동(學童)이다

시는 무엇인가?

쓰고
읽고
듣고
오감(五感)을 곤두세운 무아경(無我境)

고희(古稀) 팔질(八耋) 구질(九秩)의 노구들
딱딱한 테이블에 둘러앉아
시상(詩想)을 떠올리며
애환(哀歡)의 추억을 시 속에 들춰낸다

문예반 문동(文童)이들
빨간 황혼의 들녘에서
시는 인생이다
서리 내린 머리에
인생의 의미를 그린다

시는 인생이다라고…

파란 컵

2007년 9월 9일
청명한 가을하늘 아래
워싱턴 한인교회
매나싸스 캠퍼스 첫 예배
꿈과 사랑으로
하늘 문이 열리던 날
하나님의 축복이
가슴 가슴에 파란 컵을 안겨주셨습니다

파란 컵에는
주님의 사랑
주님의 은혜 넘쳐납니다
파란 컵에는
성령의 보화가 가득 담겨 있습니다

나는 파란 고운 컵에
주님의 사랑을 마십니다
주님의 은혜를 마십니다

날마다 이 컵에 기도를 담아
성령의 은사를 마십니다
"네 시작은 미약하였으나
네 나중은 심히 창대하리라…"
매나싸스 캠퍼스의 창대함을 기도합니다
아멘

새벽기도

미명의 새벽
해도 눈 뜨지 않은
부지런한
새들의 새벽 찬송에
나도
눈을 비비며 일어난다

8/16박자
저마다 고운 음성으로
고요한 새벽을 깨운다

새들의 새벽 예배에
날이 새고
새벽기도로 시작되는
내 하루의 삶이
오늘도 감사로 두 손 모은다

허수아비

황금바다 벼이삭
구수히 익는 넓은 들녘
긴 여름
새떼 쫓는 땀속에 힘든 허수아비

알알이 익어가는
기름진 들녘 보고
풍요의 기쁨 속에 즐거운 콧노래
밀짚모자 삐뚜름히 코믹한 허수아비

월급 주급 없어도
충직한 마음에
풍년의 들판에 서서
쫓던 새를 불러 모아
벗으로 추억을 접는
멋쟁이 허수아비

인생

인생길
두 갈래 평행선

고와 낙이
동행하는 평행의 철로
끝없는 인생길

소낙비 지난 후
서편 하늘 일곱 빛깔 무지개 꿈
한 겹 한 겹 벗긴다

초원을 지나
강 너울에 부대끼며
울고 웃던 세월 바람 속에 흘러가니

설빔으로 빛은 색동 꿈
시나브로 단풍 든
가을하늘 노을 바라보니
인생살이 무상함이 서글퍼라

공수래공수거 허무한 인생
내 평생의 소망
열두 가지 생명나무 아름답게 꽃피고

영생 벽수 맑은 시냇가에
주님이 기다리는
내 본향 가는 것

저무는 이 해에도

노을빛 속에 저무는 해를 봅니다

12월만 남아있는 한 장의 달력에서
우수수…
낙엽처럼 떨어져 나가는 시간의 소리들은
그립고 애틋한 여운을 남깁니다

새해
첫날의 다짐과 결심이
기도의 밑거름이 부족하여
결실치 못한 것
고희 넘은 황혼 길에서
부끄러운 모습을 돌아봅니다

오늘밖에 없는 것처럼
아직 남아있는 시간들을 귀히 여겨

주님의 몸된 교회를 헌신으로 섬기며
곤고한 이웃을 사랑으로 섬기며
의와 진리의 거룩함으로 성령의 열매 맺기를

내 비록 부족하나
절망 없이
용기와 신뢰로
기도의 사람이 되게 하옵소서
저무는 이 해에도

뒷동산에 올라

뒷동산에 올라
가을 옷을 벗는 나무를 본다

노랑저고리
다홍치마
가을볕에 올올이 짠
고운 옷 훌훌 벗어버리고
앙상한 속살을 내 떨고 있다

저기
산허리에 선 외로운 고목
가지 잃은 몸뚱이
어언간 꽃 시절 봄바람에 실려가고
겨울 앞에선 허전함이
고희 넘은 내 모습 같아라

흰 구름도
국화향기
가을 싣고
지는 낙엽 동무하여 흘러가니

노을 진 들에
소쩍새 우는 소리
추억을 펜다

그대 떠난 빈자리에

그대 떠난 빈자리에
알뜰한 그리움
살갗 찢는 눈물로 채웁니다

슬픔은 앙금을 내리고
공허함이 빈 하늘에
쓰린 가슴 안고
속절없는 그리움은
님의 체취 그립니다

봄은 계절 따라 곁에 오는데
어이하여
그대는 오지 않습니다
그대 떠난 빈자리에

천둥 번개 모질게 몰아쳤어도
그대의 편린 소중히 싸안고
흘러간 세월을 뒤돌아봅니다

그대가 맡기고 간 세 그루의 사과나무는
그대의 빈자리를 지키면서
깨끗하고 예쁘게 잘 자라 주었어요
세 그루 사과나무가
가지를 뻗고 또 싹이 나서
3×5=15 열다섯 그루가 되었다오

열다섯 그루의 사과나무엔
탐스런 열매들이 주렁주렁 달렸어요
참 예쁘고 아름다워요
이렇게 좋은 수확은 나의 힘이 아니었죠

그대의 기도가 밑거름이 되고
하나님이 때를 따라
이른 비와 늦은 비를 주신 은혜지요

잃어버린 30년 세월

그대 간지 30년

한쪽 날개 잃은
외기러기
뜬금없이 그리운 30년 세월

기쁠 때
슬플 때
춘하추동 그리움이
순결한 백합처럼
다가온 30년

그대 사랑
영원한 믿음
하늘나라 소망
언제나 내 속에 살아 있습니다

이제
먼 이민 땅에 이장하여
그대의 외로움 달래려고
무덤을 열었습니다

그 속에서
나는 그대의 사랑의 눈빛을 보았습니다
아직도 다 썩지 않은 그대의 체취를 맡았습니다
사랑은 영원한 것을 알았습니다
부활의 날에
주님과 함께 영원한 사랑의 나라로 감을
믿습니다

※ 2006년 7월 남편의 유해를 미국으로 이장하며.

보고 싶은 친구에게

우수수
낙엽이 지는 소리
뒹구는 낙엽 속에
가을이 깊어가니
친구야 네 생각이 간절하구나

어딘가에서
귀뚜라미 우는 소리 처량하구나
벌써
가을의 깊음을 말하는 게지

언젠가
함박눈이 펑펑 쏟아지는 겨울밤
행주치마 뒤집어쓰고
우리 집
뒷마당 짚가리에 기대서서
인생을 나누던 추억
아직 간직하고 있겠지?

먼 산에 진달래 피고
뻐꾸기 울어대는 봄이 오면
한 줄기 바람 되어
태평양 바다 건너
네게로 달려가
함박눈 속의 추억을 노래하리라

친구와의 이별

거세게 밀려오는 파도
파도에 밀리는
망상해수욕장 백사장을

친구야
너와 나
마지막으로 걷던 그 날
가슴을 찢는 눈물은
하얀 파도 되어
수평선을 그리고
머리 위 나는 갈매기 울음
내 마음 같이 슬펐다

고희 넘은 황혼길
이민생활 그새 삼십 년
친구야
그리운 추억
백사장 덮는 파도 같건만
볼 수 없는 안타까움
가을바람에 뒹구는
단풍 든 낙엽 같아라

마지막 잎새

달랑 한 잎
외롭고 힘들게
참나무 우듬지에 떨고 있다

초겨울 서릿바람에
안간힘 다해서
가지를 붙잡고 떨고 있다

지난 날
아름답던 영화를
불타는 노을에 태우며
앙상한 가지에
목매 있는
마지막 잎새

달랑 한 잎

가고픈 내 고향

누구랴 손 내밀어
태평양 바다를 건너주랴?

누구랴 파도치는 물결 속을
손 내밀어 잡아주랴?

수십 성상 고향 그려
노을 앞에 홀로 앉아
흘러간 세월 속에
추억의 조약돌 굴리며

오늘도 유난히 밝은 보름달
바라보며
그리운 형제자매 벗들에게
안부 좀 전해다오

1982년 4월 11일
김포공항에서 선물로 받은
형통의 열쇠꾸러미 지금도
만지작거리며 눈물진다

가고픈 내 고향

그리움

못견디게 그립고 보고 싶더라도
떠나간 그 님은 생각지 말자
누군들 지나간 날의 슬픔에 대해
절망 하지 않으랴

바위처럼 말없이
내 곁에 동반자로
희로애락 함께 했다 해도
이제 만나본들 얼마나 서글퍼 질 것인가
무슨 말을 할 것인가
또 무슨 약속을 할 것인가

그러니 때때로 그립고 못다 한말 있더라도
돌아오지 않는 그 님은 기다리지 말자
잊지는 진정 못 하겠거든
밝은 태양 인양 먼 산에 걸어 놓고
그냥 잊고 살아야지

잃어버린 고향

잃어버린 고향
지금은 타향이 된 고향
그 옛날
된장찌개에 보리곱살미도 행복했던 고향

텃밭에 고추 상추 푸성귀 씨앗 뿌려놓고
물주고 김매며 흙내 맡던 시절
어머니 옛 이야기에
시간 가는 줄 모르고 즐겁던 그 시절
옥수수, 감자, 보리떡
이웃집 담장을 넘나들던 그 시절

분꽃 필 때
어머니 저녁 짓는 저녁연기 모락모락
땅거미 들녘을 먹어올 때
새들이 보금자리 찾아 깃드는
엄마 품같이 아늑한
평화의 내 고향 개화리

고향 떠난 어언 삼십 년
덧없이 흘러간 세월 속에 변한 강산
벗들은 하나 둘 떠나고
마당 앞 버드나무
뒤뜰에 바위 소나무 어디 갔는고?

밤하늘에
별들만 반짝반짝 고향을 지키고
내 어릴 때 자란 그리운 고향
자꾸 멀어만 간다

고마운 신호등

이른 새벽
해도 눈뜨기 전
창밖 건너편
빨강
파랑
주황색 삼색 신호등
교차로 공중에
선명하고
화끈하게 당당하게
눈 부릅뜨고 섰다
오가는 차량들 신호등 색깔 따라
멈추었다 가고
달리는 것을 본다
하루 24시간
일년 365일
춘하추동 일분 일초도 쉬지 않고
일하는
고마운 신호등 덕분에
교통질서 유지하고
우리 생활 평화롭다

황혼의 퇴근길에서

덧없이 흘러온 세월
인생의 퇴근길에서
황혼에 물든 추억을 더듬는다

솜다리꽃 피우는 만남이 있어 행복했었지
귀여운 꽃봉오리 틔우면서 행복했었지
투가리에 된장국 보리곱살미도 행복했었지
싹쓸바람 물너울 찔레꽃 머리도 행복했었지

시나브로
가을은 한 바다 건너
산모롱이 돌아와
길동무 떠난 빈 가슴에
소스락 낙엽 떨구며
주섬주섬 구슬 같은 추억을 꿴다

긴
황혼의 퇴근길에서

시집 출판기념

2008년 3월 18일
워싱턴 중앙시니어센터 문예반이
시집 『노을 진 들녘에 선 사슴의 노래』 출판 기념식을 가졌었
다
19일 오늘 아침 신문 중앙일보와 한국일보
전면에 사진과 함께 크게 보도되었다

70대에 이룬 '시인의 꿈'
제목을 읽는 순간 너무 감격해서
나도 모르게 울음이 탁 터져 나왔다

고난의 시대에 태어나
대가족이 경제난에 허덕이다보니
상급 학교 진학의 꿈을 접을 수밖에 없었고
부모님의 마음은 더욱 상처가 크셨다
한두 해 세월이 갈수록 기회는 오지 않았고
맺힌 한은 가슴 깊숙이 숙제로 남아 있었다

하나님 은혜로 중앙시니어센터에 문예반을
창설하시고 훌륭하신 이경주 선생님의 지도하에
글공부에 맺힌 한을 조금이나마 풀어갈 수 있게
해주신 하나님께 감사한다

문예반 문동이들은 연령으로는 인생 황혼기를 맞은
시니어들이지만 배움의 열정은 유년기에 푸른 꿈을
표출하고 있다

비록 얼굴은 잔주름이 지고 머리는 희끗희끗 서리가
내리고 시력도 가물가물 보잘 것 없는 시니어들이지만
언어와 풍습이 다른 이국땅에 와서 애환을 달래가며
피나는 노력으로 무릎이 닳도록 기도드리고 아들딸을
번듯하게 키워놓고 손자 손녀 꽃밭 울타리 안에서 효도 받으며
책가방 메고 학교 가는 문동이들 마냥 즐겁다

꿈을 이루었다고 자랑할 때는 아직 아닌 것 같다
더 부지런히 갈고 닦아 고운 빛깔의 아름다운
향으로 독자들의 벗이 될 수 있는 좋은 책을
펴내고 싶다

노을 진 들녘에 선 사슴의 노래가 아니라
이른 아침 태양이 떠오르는 푸른 초장에서
긴 다리를 나란히 가나다라의 꼬부라진 뿔을 맞대고
천국의 노래를 부르는 열한 사슴이 되고 싶다

주님은 나의 목자

이민생활 어언 30년
고난의 삶이었지만
기도가 있었습니다

고난의 순간마다
찬송이 있었습니다

아프고 힘들 때마다
옷깃을 적시는
눈물의 기도가 있었습니다

캄캄한 골짝에서
방황할 때
목자의 음성을 들었습니다

날마다
내 영혼의 살아 있는
인생의 시를 읊었습니다
그 때 마다 주님은
내 손을 꼭 잡아 주셨습니다
주님은! 주님은! 나의 목자입니다

제2부
산문편

벚꽃

워싱턴 DC 포토맥강의 벚꽃은 아름답기로 소문나 있다. 매년 3월 하순부터 4월 중순까지 벚꽃축제가 열리고 있다. 이때쯤이면 만개한 벚꽃 구경을 위해서 원근 각지에서 많은 상춘객들이 이곳 워싱턴 DC를 찾아 아름다운 벚꽃 속에 파묻힌다. 특히 포토맥강 위에 쌍쌍이 보트 놀이하는 잔잔한 물결위에 그림자 드리운 벚꽃의 아름다운 자태는 상춘객들을 유혹하고도 남음이 있다.

벚꽃은 92년 전인 1912년 3월 27일 일본 정부로부터 2그루를 기증 받았고 그 후 3,800그루를 더 기증받아 포토맥 강변에 식목한 후 올해로 73회 벚꽃축제를 맞는다고 했다. 올해에도 70여만 명의 상춘객이 벚꽃축제를 찾았다고 했다.

우리 워싱턴 한인교회에서도 매년 어르신네들을 모시고 DC 벚꽃 구경을 간다. 거의 매년 보는 벚꽃이지만 볼 때마다 나뭇가지가 더 뻗어 하늘을 가려 장관을 이루는 것 같았다. 파란 하늘에 하얀색, 분홍, 연분홍 색깔이 파스텔로 칠해놓은 것 같은 아름다움은 말로 표현할 수 없는 감탄 그 자체이다.

그 꽃그늘 밑을 형형색색의 무지개 같은 옷을 입고, 국적이 다른 흑, 백, 황인종이 한데 엉켜 인파에 밀려 파도침이 벚꽃에 묻어나니 사람과 벚꽃을 구별할 수 없을 지경이다. 봄은 무어니 무어니 해도 벚꽃의 계절이다. 고국에도 이맘때가 되면 서울 창경원, 진해, 화개 곳곳에 활짝 핀 벚꽃 축제에 남녀노소 할 것 없이 봄의 향기에 젖곤 한다.

벚꽃은 질 때 또한 장관이다. 엷은 봄바람이 살짝 지나가면 하늘도 보이지 않게 꽃비가 흩어져 상춘객의 머리에, 어깨에, 보도에 하얀 눈같이 깔려 발끝에 채여 아름다운 꽃비단길을 걷게 한다. 아름다운 꽃비를 맞고 꽃비단길을 걸으면 마음도 아름다워진다.

26년 전 이민을 온 나는 이곳의 벚꽃을 보고 처음에는 이곳에 이렇게 많은 벚꽃이 세계의 수도인 워싱턴 DC 중심지에 피어 있을까? 하고 의아하게 생각했다. 일본 국화인 벚꽃이 마치 미국 국화 같은 착각이 들 정도였다. 나중에 아이들의 입을 통해서 일본이 미국과의 외교상 우호의 상징으로 심게 되었다는 것을 알게 되었다. 그러나 이 아름다운 벚꽃의 원 생산지는 놀랍게도 우리의 고국 제주도라는 사실이다. 그러니 이 벚꽃이 일본의 국화가 아니라 우리나라 꽃이란 긍지를 가져야 한다는 것이다.

제퍼슨 메모리얼을 배경으로 기념촬영을 할 때 포토맥 강물속에 비친 벚꽃 또한 절경 중 절경이었다. 이 아름다운 벚꽃의 자연경관 속에 나는 나도 모르게 "참 아름다워라, 주님의 세계는…" 찬송이 마음 깊은 곳에서 울려나왔다.

아! 참으로 창조주 하나님의 오묘하신 솜씨를 생각하며 벚꽃 구경을 즐거운 추억으로 접었다.

미네소타 호수

나는 거의 해마다 늦은 봄이면 미네소타주에 사는 딸네 집에 간다. 버지니아 덜레스공항에서 비행기로 2시간 30분이 걸린다. 미네소타주 상공에서 비행기 창문을 통해서 멀리 지상을 내려다보면 파란 녹색지대에 뻥뻥 뚫린 호수가 군데군데 유리판을 깔아 논 것 같이 아름답다.

미네소타 주에는 다른 주에 비해 호수가 많다고 한다. 나는 호수를 좋아한다. 바다 같기도 한 넓은 분지에 넘칠 듯 파란 물을 끌어안고, 그 속에 수많은 어족의 생명을 보호하며 하늘과 구름과 자연의 풍경을 계절 따라 가꾸고 잔잔한 은파가 넘실거리는 수면에 요트가 물바람에 미끄러지고 호반의 벤치에 젊은 연인들의 서정시 같은 낭만의 아름다운 정경이 좋아서이다. 또 호수는 계절에 따라 변모한다.

겨울이면 한파에 호수가 꽁꽁 얼어 결빙하면 기다렸다는 듯 강

태공들은 얼음 위에 캠핑용 텐트를 치고 가족들이 한데 어울려 두꺼운 얼음에 구멍을 뚫고 그 속에 낚싯줄을 내려뜨려 아이스 피싱(ice fishing)을 해서 낚은 고기를 지지고 볶고 회를 떠서 식도락하며 겨울 호수를 사랑한다.

봄이면 또 봄대로 얼음 녹는 소리에 호수가 잠을 깨고, 봄소식 안고 오는 백화들이 아지랑이 너울 쓰고 호숫가 둘레를 가꾸며 물새 산새 소리, 봄의 교향악이 울려 퍼지는 희망의 호수.

여름이면 상록수 우거진 푸르른 그늘 아래 태양을 가리고 맑은 호수에 물새와 함께 보트, 요트가 수면을 시원히 가르고 백사장 비치파라솔 아래 연인의 사랑 익어가는 로맨스의 호수.

가을이면 오색단풍 아름다운 색깔의 호수도 함께 타며 추풍에 낙엽이 호수에 모자이크 수놓고, 명월이 미역 감는 호수에 기러기 떼 울음소리 가을 시를 읊는 호수. 조용하고 평안하고 서정적인 호수, 나는 그래서 호수를 좋아한다.

이과수폭포를 관광하고

큰아들이 파라과이 수도인 아순시온에서 파라과이 한인감리교회 담임 목회를 하고 있었는데 1989년 새 성전을 건축하고 그해 6월에 봉헌식이 있어서 나는 버지니아에서 작은아들과 딸아이를 데리고 가서 교회당 봉헌식에 참예하고 목사 큰아들 가족과 함께 세계에서 제일 크고 장엄한 이과수폭포를 관광할 수 있는 행운을 갖게 되었다.

우리는 큰아들 집에서 저녁을 먹은 후 여행 장비를 챙겨가지고 밤에, 침대 있는 관광버스로 밤새도록 5시간 이상 달리고 또 택시로 3~40분 정도를 달려 울창한 심곡에 이르니 벌써 폭포수 떨어지는 굉음소리가 간이 서늘할 정도로 들려왔다. 우리는 택시 주차장에서 내려 약 2.5㎞ 거리에 있는 이과수폭포까지 한참을 걸었다.

이과수폭포는 파라과이, 브라질, 그리고 아르헨티나의 세 나라

국경을 접하고 있다고 한다. 흔히들 남아프리카의 빅토리아폭포와 북미의 나이아가라폭포 그리고 이 이과수폭포를 세계 3대 명승 폭포라고 이른다. 그러나 그 중에서도 단연 이 이과수폭포가 제일임은 누구나 부인할 수 없을 것이다.

나이아가라폭포의 두 배가 훨씬 넘는 이과수폭포는 폭이 4.5㎞, 폭포의 높이가 평균 80m이며 폭포를 옹위한 크고 작은 폭포가 무려 275개가 넘는다고 하니 과히 짐작을 할 수 없을 지경이다. 정말 어느 것부터 관광해야 할지 관광객들의 혼을 뺄 정도이다.

이과수 국립공원에 들어서면 기암괴석 위로 떨어지는 폭포로 인해 짙은 물안개로 앞을 분간할 수 없으며 운무에 반사되는 햇빛에 일곱 빛깔 무지개가 폭포 위에 아름다운 천상 다리를 놓고 비폭하는 폭포소리 우윳빛 운무, 일곱 색깔 무지개, 기암괴석, 푸른 하늘을 울리는 소리와 색깔과 자연이 함께 지축을 흔드는 대 교향악단의 웅장한 연주요 대 파노라마의 연출이었다.

아! 이 위대한 걸작 누가 만들었을까? 그 누가 만들 수 있을까? 우리는 하나님의 오묘하신 솜씨에 감탄하고 우리에게 아름다운 자연을 선물해 주신 하나님께 다시 감사의 기도를 드렸다.

벌써 작은 유람선을 타며, 또는 헬리콥터로 선회하며 구경하는 관광객들도 많았다. 우리는 곳곳에 있는 전망대를 돌며 전망대 최첨단 난간까지 나아가 운무 속에 빠져 들어가듯 명승절경에 감탄, 감탄, 감탄을 연발할 뿐, 더 무슨 말로 표현할 수 없었다. 고막을 찢듯 진동하며 떨어진 폭포수는 백광을 토하며 용골돌기로 소용돌이치며 힘차게 계곡을 가르며 흘러갔다.

우리는 초당 3만㎦의 엄청난 물을 쏟아 붓는 이과수폭포를 배경으로 신기하고 장엄한 대자연을 카메라에 담느라고 부산했다.

이과수 국립공원은 폭포뿐 아니라 공원 전체가 불가사의 천혜의 관광 자원의 보고였다. 눈에 들어오는 시야는 울창한 숲속의 각양각색의 수목과 아름다운 색색 화초들과 또 잉꼬, 앵무새 등 수많은 조류의 고운 울음소리 그리고 수달, 뱀 같은 기이한 동물들의 자유분방한 모습들도 잊지 못할 인상으로 각인 되었다.

우리는 운치 있는 산장의 스페인 호 테라스에서 음료수를 마시며 시원하고 웅장하고 장엄한 이과수폭포를 오랫동안 오감을 통해 마음에 담았다.

오! 정말 웅대! 장엄! 광대! 울창! 오색찬란하고 오묘 섬세한 하나님의 위대하신 작품에 감격의 탄식을 연발하면서 내 생애에 잊지 못할 이과수 관광을 하나님께 감사드렸다.

더욱 이번 이 이과수 관광은 큰아들이 아우의 대학졸업을 축하하는 기념 관광이어서 우리 가정에 기쁨을 더해 주고 너무 뜻 깊은 여행이었다.

큰아들의 교회당 헌당식, 둘째아들의 대학졸업기념 그리고 세계 최대의 이과수폭포 관광, 정말 하나님의 크신 은총으로 지친 영혼들이 마음에 안식을 얻고 돌아온 평생 잊지 못할 의미 있고 즐거운 관광이었다.

미국 요세미티 국립공원 관광기

딸의 가족이 캘리포니아주 산호세에 살고 있던 1992년 7월 4일 미국 독립기념일 날 딸의 세 식구와 딸과 같은 교회에 다니는 교인 가족 다섯 식구 모두 아홉 사람이 승용차 2대로 미국 요세미티 국립공원을 관광했다.

요세미티 국립공원은 캘리포니아 중부시의 시에라네바다 산맥 중에 있으며 우리나라 충청북도 면적에 버금가는 2,800㎢의 넓이의 광활한 공원이다.

미국 서부의 그랜드캐년, 옐로스톤, 요세미티의 3대 명승지의 하나인 요세미티 국립공원 관광은 우리 마음을 무척 설레게 했다. 대륙의 7월은 더웠다. 맑고 햇볕이 쨍쨍 내리쪼이는 날씨에 엿같이 늘어지는 까만 아스팔트길을 2시간 이상 달려서 공원 입구에 다다랐다.

7월 4일이 미국 독립기념일로 휴일이어서인지 공원 입구에서 산정까지 관광객이 인산인해를 이루었다.

공원 입구에는 형형색색 갖가지 꽃들이 아름답게 피어 관광객을 맞았으며 역시 비단결 같이 부드러운 날개로 꽃술에 사뿐사뿐 춤추는 나비들의 발레도 무척 아름답게 우리 마음을 즐겁게 했다. 그리고 숲속에 만물상 같은 고목들이 조형물 같이 늘어서 있어 공원의 오랜 역사를 말해주는 것 같았다. 또 산정을 멀리 바라보니 요세미티 공원의 상징인, 2,695m의 거대한 암벽이 마치 둥근 바가지를 반으로 잘라서 엎어놓은 것 같은 모양으로 우리의 시선을 끌었다. 이 거대한 암벽의 표면의 온도가 여름에는 섭씨 100도 가까이 오른다고 했다.

이 요세미티 공원은 해발 2,000~13,000피트의 고산과 계곡으로 이루어졌으며 약 5억 년 전 시에라네바다 산맥이 바다에 묻혀 있을 때가 기원이며 두꺼운 바다 밑 지층이 습곡으로 겹치고 뒤틀리면서 지각변동으로 해면 위로 뜨겁게 솟아난 지층이 식으면서 화강암으로 변해 오늘의 형상을 이루었다고 했다. 그 후 3억 년 전 빙하의 침식작용으로 오랜 세월로 V자형의 깊은 계곡의 화강암 절벽들이 형성되었으며 약 10,000년 전 마지막 빙하가 녹으면서 이곳에 자연 댐이 형성되었으며 지금도 겨울에 엄청난 눈이 산적되었다가 녹아내려 강물로 요세미티를 적시고 있다고 한다.

놀랄만한 일은 오늘날에도 지진의 진화로 지층의 변화가 일어난다고 하는데 1996년도에도 80,000톤의 바위가 계곡을 덮었다고 했다.

재미있는 것은 산봉우리 같은 바위들에게 걸맞는 이름들이 있었다. 높이 1,000m의 수직으로 우뚝 솟아 웅장하며 여러 영봉들을 다스리는 것 같다 하여 대장바위, 또 계곡 남서쪽에 있는 보초바위도 거의 1,000m 높이의 바위로 전망대 같이 생겼으며 보초병이 전방을 경계하는 것 같다고 해서 보초바위라고 부른다고 했다.

그리고 요세미티 관광의 하이라이트 중 하나인 요세미티 폭포는 739m를 3단으로 내리꽂는 폭포로서 미국에서 제일 높은 폭포라고 했다.

요세미티 국립공원은 정말 듣던 대로 수려하며 웅장하고 스케일이 엄청 광대하며 이름 있는 명승 관광지였다.

나는 이 화려하고 멋진 자연경관을 관광하면서 창조주 하나님의 놀랍고 오묘한 창조의 솜씨와 능력을 확신하게 됨과 아울러 아름다운 주님의 세계를 찬양 드리니 이같이 아름답고 웅대한 요세미티를 관광할 수 있게 축복해 주신 하나님께 감사드렸다.

파이크스 피크(Pikes Peak) 기행

지난 2002년 7월 1일에 아들 가족과, 딸 가족이 함께 파이크스 피크를 관광하고 왔다. 그 당시에 딸 가족이 콜로라도스프링스에 살고 있었다.

파이크스 피크는 콜로라도스프링스에 있는 산 이름이다. 해발 약 4,301m 화강암 산으로 로키산맥에서 가장 높은 봉우리로 일 년 내내, 백설을 무겁게 머리에 관으로 쓰고 있는 산으로 관광코스로 유명한 곳 중 하나이다.

이곳 관광코스를 개발하기 위해서 1891년에 기공하여 1916년 무려 25년이란 긴 세월을 들여서 완공되었다고 한다. 가파르고 험난한 산정등반을 위해 운행되는 관광열차는 아주 특이하게 톱니바퀴가 달린 기차였다.

겨울에는 고도의 한랭대와 12피트 이상 덮이는 강설 등으로 관광을 할 수 없고 관광할 수 있는 시기는 6월에서 9월사이라고 한다.

우리나라의 백두산(해발 2,744m)보다 더 높은 산을 오른다는 기대에 나도 아이들도 모두 설레고 들떠 있었다. 그날 아침 8시 기차에 다른 관광객들과 함께 승차했다. 기차는 조심스런 속도로 올라갔다. 빨강 기차 지붕과 객차 허리에 리본 같이 두른 하얀 줄이 푸른 초목의 청록색과 어울려, 청, 홍, 백색이 고운 조화를 이루었다. 멀리 앞서 가는 기차를 바라보니 송충이가 소나무에 붙어서 기어 올라가는 것 같았다.

우리가 자리한 앞과 좌우 양옆의 관광객 모두는 희고 검은 피부색의 사람들 뿐이었다. 동양인은 우리뿐인 것 같았다. 곧 우리는 좌우에 앉아 있는 이색 인종들과 인사를 나누고 함께 즐거운 관광을 했다.

차창 밖은 맑게 개인 파란 하늘 아래 7월의 푸르름이 싱그럽게 수풀을 덮고 이름 모를 산새들의 지저귐이 우리의 마음을 즐겁게 하고 온갖 산꽃들이 화사하게 반겨주고 톱니바퀴 철로 밑을 흐르는 옥수같이 맑은 계곡물은 졸졸졸 흘러내리며 자연은 신비할 정도로 아름답게 조화를 이루어 하나님의 오묘한 솜씨를 유감없이 나타내고 있었다.

산정으로 올라 갈수록 우리들의 마음은 풍선처럼 기대에 부풀어 갔다.

우리는 친절하고 자상한 가이드의 안내에 재미와 흥미로 한마디도 놓치지 않으려고 애를 썼다. 산허리를 올라가던 기차가 갑자기 앞이 탁 트이더니 왼쪽으로 호수가 눈에 들어왔다. 모두가 와! 하고 탄성을 지르면서 감탄했다.

이런 높은 산속에 이렇게 큰 호수가 있다니, 넓은 호수면은 유리알 같이 맑고 쪼개지는 햇살에 넘실대는 은빛 파도는 파란 하늘을 가득 담고 있었다.

참 아름다운 장관이었다. 이 호수는 분명 하나님의 작품이라고 생각했다

산을 오를수록 좌우로 펼쳐지는 갖가지 수목들과 바위가 병풍같이 아름다운 수채화로 자연의 경지를 이루고 우리를 태운 기차는 무사히 정상에 있는 휴게소에 도착했다. 이곳에 도착하기까지 1시간 40분쯤 걸렸다. 정상에 올라보니 여간 춥지 않았다. 준비해온 방한복들을 꺼내 입고 군인들처럼 무장을 했다.

정상에 오르니 정말 파란 하늘의 구름이 손에 잡힐 것 같았다. 정상에는 나무 한 그루, 풀, 한 포기도 없고 화강암, 다갈색, 큰 바위 같은 돌덩이들이 점령하고 있었다. 날씨도 춥고 출발할 때 좋던 날씨가 변덕을 부리기 시작했다. 금방 구름이 달려와 빗방울을 떨구더니 또 금방 구름 사이로 햇볕이 쪼개져 내려서 산 아래 계곡이 더 푸르고 싱싱하게 아름다움을 더했다.

고산지대에 올라오니 오히려 산소가 부족한 탓인지 큰아들 가족은 기념품센터 안에 들어가 땅바닥에 누웠다. 그때 나는 가슴이 덜컹했다.

그러나 잠시 후 아들 가족은 정신을 차리고 일어났다. 그때 나는 정말 등반하는 사람들의 그 심정을 조금은 알 것 같았다. 그리고

화강암에 대해 알고 보니 화강암은 석영과 운모, 정석, 따위를 주성분으로 하는 화성암의 한가지 단단하고 결이 좋아 비석, 조각, 또는 도자기나 유리의 원료로 쓰인다고 했다. 우리 모두는 정신이 번쩍 들어 깨달았다.

창조주 하나님의 오묘하신 솜씨에 감탄, 감탄 저절로 고개를 숙였다.

파이크스 피크 정상에는 돈이나 그 무엇으로도 환산할 수 없는 노다지 보물산이라는 것을 이 관광을 통해서 배웠다. 우리 가족은 기념품센터를 잠시 둘러보고 하산할 시간이 되어서 아쉬운 관광을 마치고 모두 객차에 몸을 실었다.

내려오는 길에 올라갈 때 보지 못했던 초원의 사슴들이 7월의 태양 아래 해바라기하는 모습은 정말 평화스럽고 아름다웠다. 출발했던 역까지 오는데 1시간 25분 정도 걸렸다. 더욱이 이번 파이크스 피크 관광은 딸이 큰오빠 가족이 미국에 들어와서 힘든 공부를 하는 것을 돕기 위해 주선한 뜻 깊은 여행이다. 우리나라 백두산보다 더 높은 산, 파이크스 피크 관광은 정말 하나님의 크신 은총으로 지친 가족들이 마음의 안식을 얻고 돌아온 평생 잊지 못할 의미 있고 즐거운 여행이기에 진심으로 하나님께 감사를 드립니다.

기차여행

2007년 10월 21일 아들 가족과 함께 웨스트버지니아에 가서 기차로 단풍여행을 떠났다. 기차여행은 색다른 여행으로 더욱 흥미를 갖게 했다. 아이들은 물론이고 70넘은 나에게도 젊었을 때의 기차여행을 떠올리는 추억의 여행길이었다. 내가 젊었을 때는 항공이나 선박 여행은 무척 어려운 형편이고 거의 기차여행이었다.

기차는 기적을 울리면서 산과 들, 내와 계곡을 주름잡으면서 느린 속도로 즐겁게 달렸다. 10월의 산야는 울긋불긋 노랗고 빨간 오색으로 물들인 단풍으로 자연의 아름다움과 계절의 성숙함에 깊은 사색에 잠긴다.

웅대한 대자연 속을 달리는 기차가 기적을 울릴 때마다 우리 가족은 함박웃음을 터트리고 환호성을 쳤다. 탁 트인 넓은 초원을 끼고, 흐르는 내와 거울 같은 호수를 안은 평화로운 목장에서 소들이 한가로이 풀을 뜯고 철로 가를 흐르는 맑은 물소리는 가을을

읊은 첼로 소리 같이 정답고 철로 가 양쪽에 피어있는 들꽃들은 가을 정경을 아름답게 수놓았으며 특히 노란 들국화의 수줍은 듯 가을바람에 산들산들 고운 자태로 시야에 들어오면 모든 것이 한 폭의 아름다운 그림이었다.

도란도란 작은 의자에 둘러 앉아 준비해온 음식들을 차려놓고 붉게 타는 단풍에 버무려 맛있게 먹으면서 자연에 흠뻑 빠졌었다. 무엇보다 이날 싸온 산나물 김밥은 한층 더 여행의 분위기를 돋궈 주는 절미의 음식이 되었다.

끝없는 높은 하늘에는 독수리들이 가을 향기 가득 싣고 여유롭게 배회하고 있었고 깎아세운 절벽에 청실홍실로 수놓은 아름다운 단풍은 만물상과 금강산을 연상케 했다.

오늘 기차여행은 가족과 함께 정말 좋은 추억을 만든 즐거운 여행이었다. 아들 며느리 손녀 손자 효도 받으면서 황금마차를 타고 하늘나라를 다녀온 것처럼 기뻤다. 우리는 이번 기차여행을 통해서 하나님께서 창조하신 오묘하고 아름다운 자연을 우리에게 주신 은혜를 다시 감사함을 노래했다.

문예반 야외수업

문예반 문동이들이 그레이트 폭포로 야외수업을 나갔다. 2007년 10월 7일. 야외수업에 나간다니 문득 옛날 학창시절의 추억이 주마등같이 스쳐갔다. 창경원, 덕수궁, 비원 등, 선생님 인솔 아래 떼지어 소풍 나들이 하던 그리움이 새로웠다.

내 나이 고희 넘어 학생으로 야외수업을 나간다는 것만으로도 가슴이 설렜다.

날이 좋아야 할 텐데……. 도시락은 무엇을 싸갈까? 설레는 마음과 설친 잠으로 새벽에 일어나서 송편을 만들고 밥을 짓고 반찬을 만들었다.

시간 맞춰 문동이들이 밝은 모습으로 모였다. 우리는 아침 10시 45분에 시니어센터 밴으로 목적지를 향해서 떠났다. 조금 찌푸렸던 하늘이 점차 벗겨지면서 전형적 가을 날씨로 우리 마음을 즐겁게 해주었다. 우리가 탄 차는 어느 사이에 지방도로로 들어섰다. 도로 양 옆으로 늘어선 가로수에서는 벌써 물든 낙엽들이 바람에 뒹굴며 떨어졌다. 늘 아파트 속에 갇혀 살다 모처럼의 야외 나들이가 여간 즐겁지 않았다. 백발의 시니어들이 분수도 잊은 채 박장대소하며 밴이 떠나갈 듯 부산을 떨었다.

소로를 꼬불꼬불 돌아가는 산허리 분지 작은 텃밭에 백일홍, 과꽃, 코스모스 등 아름다운 꽃들이 활짝 피어 "야~" 하고 우리 문동이들의 환호를 터뜨리게 했다. 밭 변두리에는 수수알이 구수하게 익은 수숫대가 무겁게 고개 숙이고 있었다. 수숫대를 보니 어렸을 때 어머니께서 수숫대 목을 잘라 큰 소죽가마에 얹어 쪄주셔서 동생들과 맛있게 먹던 생각도 스쳐갔다.

우리는 그레이트 파크에 도착하여 입구 가까운 곳에 자리를 잡았다. 하나님이 창조하신 수려한 자연 속에 맑은 공기로 가슴 터지게 채울 수 있었고, 단풍 낙엽이 아름답게 떨어지는 운치 속에 놓여져 있는 야외 식탁에 둘러앉아 모두가 마련해온 음식들을 차려놓고 이경주 선생님의 감사기도로 즐겁고 기쁘게 화목한 교제의 시간을 가졌다. 밤 새워 빚어온 쑥송편을 사랑으로 나누며 소풍의 분위기를 한층 더 즐겁게 했다.

점심을 끝낸 우리는 이 공원의 최고 절경인 폭포로 발걸음을 옮겼다. 오랜 가뭄으로 수량이 줄었다고 하지만 폭포는 요란하게 소리 내어 바위를 때리며 층층이 폭포로 흘러내리는 광경은 가을 속의 우리 마음을 더욱 시원하게 했다. 우리는 폭포를 배경삼아 모두 사진을 찍고, 단풍 든 자연 속에 우리들의 모습을 담기 위해 찰칵찰칵 카메라의 셔터를 누르기에 바빴다.

우리는 모처럼 돌아온 동심으로 가을 노래를 즐겁게 합창하며 가을 주제로 한 4행시를 지으며 오늘의 야외수업을 즐겁고 좋은 추억으로 남길 수 있었다.

나는 돌아오는 차 안에서 비록 짧은 시간이었지만 하나님이 지으신 아름다운 동산에서 야외수업을 할 수 있도록 늘그막까지 은혜 주시는 하나님의 사랑에 깊은 감사를 드렸다. 참 즐겁고 뜻 깊은 날이었다.

단풍관광

2008년 10월 20일 워싱턴 한인교회 안나반과 베드로반이 함께 단풍여행을 했다. 금년에는 예년과 달리 웨스트버지니아에 가서 기차로 단풍관광을 했다.

출발에 앞서 차영섭 목사님께서 친히 버스에 올라오셔서 기도로 축복하신 후 대형 관광버스로 35명이 오전 8시 20분 교회당을 출발, 도중에 센터빌에 들러서 매나싸스 교인 8명을 더 태워, 모두 43명이 탑승, 한스여행사 대표 조혜정 집사님의 인사가 있은 후 여행사에서 마련한 계란, 양과, 음료수에 누군가가 준비해 온 쑥절편의 별미로 아침을 맛있게 먹었다.

가을은 황혼 들에 선 노인에게도 어디론가 떠나 방랑하고 싶어하는 감상의 계절이다.

재치 있고 유머 있는 가이드의 안내와 달리는 차창 밖의 맑은 가을하늘은 우리들의 마음을 더없이 부풀게 했다.

버스가 달리는 까만 아스팔트 양 길가에는 빨강, 노랑, 파란 색색 단풍이 든 나무들이 병풍처럼 아름답게 스치고 지나갔다. 어느새 두 시간 이상 달려온 버스는 웨스트버지니아 기차역에 도착했다. 기차는 우리를 목놓고 기다리고 있는 것 같았다. 우리는 버스에서 내리면서 여행사에서 마련한 런치박스를 낑낑대며 기차에 옮겨 실었다.

넓은 객차 한 칸을 우리 전용으로 쓰게 되어 우리 식구들만 평안하게 사용할 수 있어서 너무 좋았다. 그새 점심때가 되었다. 우리는 런치박스를 풀어놓고 김응수 장로님의 감사기도 후 모처럼 기차 칸 안에서 점심을 먹으니 정말 유년시절 수학여행 가는 기분이 들었다.

점심식사가 끝날 무렵 기차가 서서히 움직이는가 했더니 어느새 속도를 내면서 산과 산, 들과 계곡을 주름잡으며 신나게 달렸다.

시월의 산야는 울긋불긋 오색 물감을 풀어놓은 것 같이 정말 아름다웠다. 깊이 들어 갈수록 가을 단풍은 점점 성숙하여 우리들의 마음을 즐겁게 해주었다. 깎아 세운 절벽과 절벽의 암벽과 초목 사이를 파스텔로 색칠해 놓은 것 같은 신비에 가까운 절경에 모두 감격하고 감탄이 절로 터져 나와 환성을 토할 뿐이었다. 더욱이 기차가 탁 트인 넓은 초원을 달릴 때는 맑게 흐르는 내와 거울같은 호수를 안은 목장에서 소들이 떼 지어 한가로이 풀을 뜯고 있는 광경은 전형적인 목가의 평화적 정서가 그림처럼 가슴에 들어왔다.

기차 철로를 끼고 흐르는 맑은 물소리는 조용히 첼로를 뜯는 고운 멜로디 같았으며, 지천에 흐드러지게 피어있는 들꽃들의 고운 자태, 그리고 특히 모둠 핀 노란 들국화의 수줍은 듯 가을바람에 산들산들 머리를 흔드는 앙증맞은 모습은 정말 한 폭의 그림을 연상케 했다.

산 아래 좌우의 광활한 옥수수밭에는 건장한 수십만 군인들이 총을 메고 질서 있게 도열해 있는 것 같았다.

우리는 단풍관광을 하면서 오묘하고 전능하신 하나님의 깊고 섬세하신 솜씨에 감탄하면서 하나님의 위대하신 솜씨를 찬양 드렸다.

아름다운 정경과 경관을 보고 그냥 지나칠 수 있으랴? 우리는 단풍관광을 그리며 아름다운 4행시도 지어 보았다. 모두 글 솜씨를 드러내며 지은 시를 낭송하기도 하였다.

기차관광을 마치고 다시 버스로 돌아오는 길에 사과농장에 들러서 한스여행사 대표 조혜정 집사님께서 우리 모두에게 하나님이 주신 사랑의 열매 '사과'를 선물로 주셨다. 버스로 귀가하는 길도 너무 즐겁고 감사했다. 정말 오랫동안 기억에 남을 즐거운 기차 단풍관광이었다.

즐거운 기차 단풍관광을 허락해 주신 하나님의 은혜를 감사드리며, 또 특별히 기차 관광을 마련해 주신 교회와 여러 가지 편리와 물질적 후원을 해주신 한스여행사 대표 조혜정 집사님께 깊은 감사를 드리며 아울러 아들 가족들의 정성에도 고맙게 생각한다.

단풍 속에 핀 호박꽃

10월 13일. 중앙시니어센터에서 가을 피크닉을 비엔나에 있는 NottoWay Park로 갔다. 그날 아침 나는 일찍 일어나 창밖을 내다보았다. 하늘엔 검은 구름이 찌푸리고 있었다. 나는 조금 찌뿌듯한 마음으로 곧 라디오 스위치를 눌렀다. 오늘의 일기가 궁금해서였다. 다행히 일기예보는 차츰 구름이 걷히고 맑고 화창한 날이 된다고 했다.

맑고 화창한 날씨가 되겠다는 일기예보로 찌뿌듯했던 내 마음이 또 금방 화사해졌다. 아침을 먹으면서도 피크닉 채비에 벌써 마음이 들떠 있었다. 초등학생 때 소풍을 기다리는 동심으로 돌아간 것 같았다.

청바지에 핑크색 점퍼를 입고 운동화에 빨간 모자를 받혀 쓰고 상쾌한 기분으로 아파트 현관 앞으로 나갔다.

벌써 여러 시니어 학생들이 제각기 알록달록 피크닉 복장 차림으로 설렘을 감추지 못하고 있었다. 좀 있으니 카우니에서 제공하는 패스터런 버스가 와서 11명의 시니어가 탑승, 9시 40분 우리 타이스프링 아파트를 출발했다. 버스가 출발하기 바쁘게 우리는 옛날에 부르던 동무생각 등 동요를 합창했다. 이 늙은 호박꽃들의 푼수 없는 노래에 외국인 운전사도 뿅! 갔는지 딴 길로 들어섰다가 다시 되돌아 나오는 해프닝도 있어서 우리는 배를 안고 웃었다.

NottoWay Park에 도착하니 울긋불긋 늙은 호박꽃들이 삼삼오오 가을 들을 아름답게 물들이고 있었다. 참 하나님이 지으신 오묘한 솜씨의 자연은 아름다웠다. 살짝 단풍마저 들기 시작하니 오색의 가을이 황홀하게 아름다웠으며 마치 한 폭의 수채화 같았다.

"참 아름다워라 주님의 세계는……" 찬양으로 하나님께 감사 예배를 드리고 이어서 각 반이 준비한 노래와 장기자랑을 했다. 우리 문예반 문동이들은 '이별의 노래', "기러기 울어 예는 하늘 구만리……" 가을을 이별하는 노래를 불렀다. 황혼에 깃든 시니어들의 한결 외롭고 쓸쓸한 감회가 가슴에 다가왔다. 그래도 겨울이 가고 또 봄은 온다는 위로를 받을 수 있었다. 우리 문예반이 노래를 부른 후 시니어 합창단이 '이 세상 어디든지', '동무생각'을 합창하였다.

점심시간이 되어 봉사자들이 푸짐하게 준비해온 음식들을 맛있게 먹었다. 특별히 야외에서 먹는 풋고추, 막장에 상추쌈, 아, 정말 그 맛 일미였다. 점심을 먹으면서도 장기자랑은 계속 되었다.

점심을 먹을 때 빨간 단풍잎 하나가 소리 없이 살짝 내 손등을 간질였다. 시나브로 가을이 점점 깊어감을 느끼게 했다.

일기예보대로 아침에 흐렸던 날씨가 가을 따가운 볕살을 내리쪼이니 주위의 자연이 더 싱싱하게 생기를 드러냈다. 파란 잔디밭 그라운드에서 해맑은 공기 속에 건강 체조와 라인댄스로 몸을 풀고 오후 2시에 즐거운 피크닉을 아쉬워하면서 귀가길에 올랐다. 참으로 즐거운 피크닉이었다.

중앙시니어센터

2010년 봄학기 종강식을 앞두고 뒤를 돌아봅니다. 내가 중앙시니어센터와 인연을 맺은 것이 어느덧 10년이 되었습니다. 나는 10년 동안 많이 배웠고 마음속에 무한대한 꿈들을 표출했습니다. 이렇게 좋은 시니어센터를 설립해 주신 하나님께 먼저 감사를 드립니다. 여러분 목사님과 디렉터 이혜성 권사님과 사무장님 그리고 지도하시는 선생님들 봉사자님들께 뜨거운 감사를 드립니다. 밤잠을 안 주무시고 연로하신 학생들을 위해 어떻게 하면 편안하고 즐겁게 해드릴까? 연구하시고 좋은 프로그램으로 학생들이 하고 싶은 공부를 하게 해주신 것 무엇으로 감사의 뜻을 표해야 될지 모르겠습니다.

나는 일주일에 두 번 만나는 것을 유일한 희망으로 삼습니다. 이렇게 어르신네 학생들이 모두 친구가 되고 같이 배우고 위로하고 애환을 달래가며 지내는 것이 너무 행복하고 즐거웠습니다. 점심밥도 영양가를 생각해서 제일 좋은 것으로 따뜻하고 부드럽고, 맛있게 정성껏 만드신 것을 먹을 때마다 봉사자님들께 깊은 감사를 드렸습니다. 뿐만 아니라 목사님들의 영양가가 골고루 들어 있는 영의 양식으로 우리의 영혼 또한 풍성해집니다.

또 이혜성 디렉터님의 한 학기 영양학 강의를 통해서 가장 중요한 것들을 배웠습니다. 매일 식단을 짜서 소금 양을 줄이고 김치 한 쪽 덜 먹고 때로는 육식을 해서 영양 보충을 하고 건강을 유지할 수 있었습니다. 이혜성 디렉터님께 진심으로 감사를 드립니다.

나는 처음 화요반에서 붓글씨를 배우고 또 금요반에서 동양화 사군자를 배웠습니다.

사군자란 무엇을 말하는 것인지? 이제야 그 깊은 뜻을 알았습니다. 나는 이렇게 사군자를 공부하면서 참 즐거웠습니다. 꽃다운 봄 소식을 먼저 전하는 매화꽃잎 다섯을 그리면서 옛날 우리 다섯 식구가 둘러앉은 둥근 밥상을 추억해 보았습니다. 그리고 맑은 향기를 지닌 난을 그리면서 언제나 맑은 향기를 지니셨던 어머님의 마음도 함께 그렸습니다. 또 찬서리를 이겨내고 아름다운 모습을 드러내는 국화를 그리면서 중앙시니어센터 모습도 그려보고 그리고 대나무를 그리면서 최선을 다해 지도하시는 선생님들의 마음을 함께 그려보았습니다. 지금은 화요일 문예반에서 공부하면서 인생을 즐기고 있습니다.

어머니에 대한 시를 쓰면서 눈물 많이 흘립니다.

내 나이 칠십 넘어도 잊혀지지 않는 어머니 사랑 파도처럼 밀려옵니다.

먹물 갈아 좋은 글로 하얀 화선지에 써서 표구를 만들고 사군자 예쁜 그림을 그려서 표구를 만들고 시집 『노을 진 들녘에 선 사슴의 노래』 등 작품을 만들어 나의 삼남매에게 주었습니다. 만족한 것은 아니었지만 아이들도 좋아하고 내 마음도 기뻤습니다. 그러나 작품을 만든다는 것은 하루아침에 되는 것이 아니고 피나는 노력이 있어야 된다는 것을 절실히 느꼈습니다. 나는 이렇게 글공부나 그림을 그리는 것만 배운 것이 아닙니다. 함께 공부하는 여러 어르신네들의 이야기를 들어보면, 거의 다 동족상잔의 비극 6·25 동란에 남편을 북으로 빼앗기고 홀로 아이들을 3, 4명씩을 데리고 꽥 소리 한 번 지르지 못하고 고난과 역경의 세월을 눈물로 살아오시면서 아들딸들을 번듯하게 키워 놓으시고 훌륭하게 살아오신 어르신네들의 그 모습 속에서 나는 많은 것을 배웠습니다. 너무너무 존경스러웠습니다. 그리고 한 분 한 분 마음속에 돈으로나 그 무엇으로도 환산할 수 없는 아주 커다란 보화가 들어있다고 생각했습니다. 그런 의미에서 우리 중앙센터 안에는 아주 귀중한 보배가 가득 차 있다고 생각합니다. 정말 자랑스럽습니다. 모쪼록 앞으로 중앙시니어센터가 더욱 더 발전하고 여러 어르신네들의 남은 생애가 더욱 강건하고 복된 삶이 되시기를 빌어봅니다.

또 다시 풋풋한 설레이는 마음으로 새 학기를 기다리며 우리 모두의 안식처가 되는 중앙시니어센터의 무궁한 발전을 기원합니다.

더욱이 이번 봄학기에 내가 10년 출석상을 받게 해주신 하나님께 감사를 드립니다.

2010년 새해 아침

또 맞이하기 싫은 한 해를 맞이했다. 새해를 맞이할 때마다 이마에 골이 더하고 머리에 짙어지는 서리 때문에 갖는 서글픔 때문이다. 그러나 계절의 순리를 어느 장사가 막는단 말인가? 그래도 이젠 매년 새해의 아침이 기다려진다. 새해의 아침이면 그동안 뿔뿔이 헤어져 살아온 식구들이 한자리에 모여 한 해를 사랑으로 지켜주시고 은혜로 감싸주신 하나님께 감사드리며, 자녀손들에게 세배를 받고 덕담을 나누며 가족간에 우애를 다지는 즐거운 날이기 때문이다.

그러나 매년 설이라 해서 모두 한자리에 모이기는 힘든 일이다. 작은아들은 승용차로 30분 거리의 가까운데 살지만 큰아들은 승용차로 3시간 반이 걸리는 좀 떨어진 곳에, 딸애 가족은 비행기로 2시간 반 이상 걸리는 제법 먼 지방에 살고 있다. 거리 관계뿐 아니라 이런저런 사정 때문에 정말 함께 모이기가 쉽지 않다.

그런데 이번 2010년 새해에는 내 슬하의 모든 식솔들이 모두 한

자리에 모였다. 그래서 2010년 올해는 특별히 반갑고 뜻 깊은 날이 된 것이다. 올해는 작은아들 집에 모였다. 이민 후 이같이 다 보인 것은 처음인 것 같다.

나를 포함해서 삼남매의 식솔이 모두 열다섯 명이다. 여덟 명의 손자 손녀들이 튼튼하고 맑고 슬기롭게 잘 자라주어 고마웠다.

삼남매가 각기 마련한 음식들을 차려놓고 하나밖에 없는 사위의 기도로 하나님께 감사드리고 대식구가 도란도란 둘러앉아 상다리 부러지도록 차린 설음식들을 서로 권하면서 맛있게 먹었다. 먹는 일보다 그동안 지난 일들에 대한 일로 웃고 손뼉치며 즐거움이 부산했다.

나는 이날 거액(?)의 지출로 금고가 비었다. 손자들에게 주려고 미리미리 세뱃돈을 새 지폐로 차곡차곡 금고에 모아두었던 돈이 모두 날아갔다. 그러나 열네 명의 세배가 나를 여간 기쁘게 하지 않았다. 물론 이렇게 나간 돈은 삼남매가 카드에 넣어준 돈으로 남는 장사를 했지만.

이렇게 삼남매 식솔들이 한데 모여 화기애애하게 한 상에 둘러앉아 덕담을 나누며 즐거운 시간을 보내니 나는 정말 감개무량하며 오늘이 있게 도우신 하나님의 은혜에 눈물이 나도록 고맙고 감사하는 마음을 금할 수 없었다. 어린 잔밥들을 데리고 홀몸으로 이민을 온지가 엊그제 같은데 이같이 자녀손들이 잘 자라주어 지난날의 고생이 강한 햇볕에 눈녹듯이 일순간 잊혀지는 것 같아 오히려 눈물이 나올 정도였다. 더 큰 욕심이 없다. 이대로 자식들이 잘 되어가는 것뿐, 참으로 다 하나님의 은총임을 거듭 감사드린다.

한평생 순례자의 길 위에 동반자가 되어주신 주님의 한없는 사랑에 또 감사를 드리며 2010년 한해에도 계속 변함없는 하나님의 인도와 은총을 바라는 마음으로 간절히 기도한다.

하나님 감사합니다!!

손녀딸의 결혼식

2010년 7월 31일 내 귀여운 손녀딸의 결혼식이 있었다. 8월을 맞이하는 들녘은 백과가 탐스럽게 익어가는 풍요의 계절이다. 이런 좋은 계절에 결혼하는 내 손녀딸은 분명 예정하신 하나님의 축복임을 믿고 감사했다.

아직도 어린애로만 생각되던 것이 어느새 저렇게 성장하여 시집을 간다니 언뜻 수긍되지 않으면서도 현실이란 사실을 부인할 수 없는 일이었다. 손녀딸의 결혼식은 LA에 있는 윌셔연합감리교회에서 올렸다. 양가의 가족과 친지들 그리고 많은 하객들의 축복을 받으며 박은수 목사님의 주례로 성스럽고 은혜 충만한 가운데 성황리에 치러졌다.

하얀 웨딩드레스로 고귀하게 단장하고 사뿐 사뿐 걸어오는 내 손녀딸은 정말 하늘에서 내려오는 천사 같이 아름다웠다. 주례목사님 단상 앞에 신랑과 함께 나란히 선 신랑 신부의 모습은 인형같이 앙증스럽고 그렇게 아름다울 수가 없었다. 더욱이 손녀사위의 인물도 출중하고 덕성과 덕량이 있어 보이며 좋은 가문에서 성장했다니 할미인 내 마음은 기쁘기 더할나위 없었다. 주례목사님의 축복의 주례사에 이어 신랑 신부의 결혼서약을 할 때는 정말 내 마음이 찡하고 엊그제 아장아장 걷던 저것이 벌써 부모 곁을 떠나서 새 가정을 이루는구나 생각하니 마음 한구석에 섭섭함을 느끼게 했다.

주례목사님의 "이제 이들이 부부됨을 하나님과 사람 앞에 선포합니다"의 선언에 이어 축도로 성례를 마치고 둘이 팔짱을 끼고 만장한 하객들의 축복의 박수를 받으며 웨딩마치에 새로운 출발을 할 때, 또 할미인 내 마음은 측은함과 아울러 이들의 앞날에 한없는 행복과 축복의 은총이 함께 하기를 하나님께 간절히 기도드렸다.

추석

나는 1982년도에 아들딸을 데리고 미국으로 이민을 왔다. 두 아이는 공부를 해야 하고 나는 세 식구의 가장으로 일을 해야 했다. 힘든 이민 생활 속에 추석이 오는지 가는지 수십 년을 잊고 살았는데 이제 아이들도 공부를 마치고 제 갈길을 가고 나도 일선에서 물러나 지금은 뒷전에 앉아 텔레비전을 시청할 수 있는 여유가 생겼다.

지난 10월 2일 텔레비전을 통해서 내 조국의 추석을 시청했다. 예쁜 한복을 곱게 입고 추석 선물을 자가용에 가득 싣고 부모님을 찾아가는 차량들, 국가의 동맥인 고속도로가 고향 찾는 차들로 인해서 고생하는 것을 보며 조국의 눈부신 발전에 기쁨을 금할 수가 없었다. 그립던 가족들을 만나 얼싸안고 이야기꽃을 피우며 밤새워 송편을 빚고, 지지고 볶고 온통 온 나라가 축제의 분위기였다. 음식도 풍족하고 추석 명절답게 지내곤 한다. 정말 격세지감에 눈물 날 지경이었다. 참 감사하고 다행스러운 일이다.

돌아올 때는 짧은 만남을 아쉬워하고 송편과 밑반찬은 물론이고 일 년 내내 땀 흘려 농사지은 곡물과 햇과일을 바리바리 싸들고 나와서 자동차 트렁크가 터지도록 실어주시고 손자들의 손을 잡고 잘 가거라, 운전 조심 하여라 하시며 자동차 뒤꽁무니가 보이지 않을 때까지 손을 흔들다가 부모님은 들어가신다. 무사히 돌아와 어머님의 사랑이 듬뿍 담긴 음식들을 냉장고마다 가득가득 재 놓고 이웃과 나누며 또 한 번 추석을 보낸다. 지금은 집집마다 자가용이 있고, 일반 자동차도 종류가 많아서 추석 나들이가 편리하다.

나는 그 옛날 추석을 회상해 보았다. 나는 6남매의 가정에 둘째 며느리로 시집을 갔다.

큰댁에는 부모님과 큰동서네 여덟 식구, 집 일을 도와주는 머슴 내외 도합 열두 식구다.

오남매는 모두 분가하여 서울에, 영등포에, 인천에, 김포에, 공항동에 살았다. 우리 가족은 경기도 김포군 계양면 득실리에 살았다. 부모님은 경기도 김포군 고촌면 신곡리에 사셨다.

큰댁에 가려면 버스를 한 번 갈아타야 한다. 추석 명절이면 조금이나마 일손을 돕기 위해 추석 하루 전날 아이들이 학교가 끝나는 대로 큰댁에 가고 남편은 직장 업무가 끝나는 대로 막차로 뒤따라 왔다. 집에서 버스정류장까지 도보로 20분 정도 걸린다. 설레는 마음으로 아이들을 앞세우고 누렇게 익어가는 가을 벌판 금빛 파도를 타고 어느새 오류리 버스정류장에 이른다. 비포장도로에 뽀얀 흙먼지를 뿜으며 인천에서 강화행 버스가 온다.

이 버스를 타고 김포 못미쳐 사우리 정류장에 내려서 강화에서 오는 서울행 버스를 타고 가는 도중에 고촌에서 내려서 20분 정도 걷는다. 벌써 흩어져 살던 형제들이 다 모였다.

정성들여 키우신 아들 손자 며느리들을 만나는 그 기쁨은 부모님께는 가장 큰 선물이었다.

오랜만에 만난 가족들 얼굴 찾는 시간도 꽤 많이 걸렸다. 40명이나 되니 말이다. 넓은 대청마루에 다섯 명의 동서들이 둘러앉아 송편을 빚고 아이들은 할머니 할아버지 기쁘게 해드린다고 저마다의 장기자랑을 하느라 집안은 온통 웃음바다가 되었다.

큰 가마솥에 청솔잎을 깔고 송편을 쪘다. 향긋한 솔 냄새가 물씬 나는 햅쌀로 빚은 송편이 쫀득쫀득 너무 맛이 있었다. 부엌문 밖 뒤란에 솥뚜껑을 걸쳐놓고 둘러앉아 녹두부침, 생선전을 부치고, 휘영청 밝은 달빛 속에 녹두부침이 익고 동서들 간에 사랑도 익었다. 밤이 늦도록 만든 음식을 그 당시에는 냉장고가 없었던 때라 가장 시원한 곳이 장독대였다. 준비한 음식을 거기에 펴 놓았다.

추석날 아침 토란국에 쌀밥을 짓고 준비한 음식을 차려놓고 큰 시아주버님의 식사기도로 축제가 열린다. 우리 모두는 색색 고운 한복으로 갈아입고 성묘를 간다. 그날 조상님의 묘지는 온통 꽃밭으로 변한다. 예배를 드리고 돌아오면 여가를 얻어 동서들이 둘러앉아 잠시 이야기꽃을 피운다. 그러는 동안 어머님은 몫을 지어 음식을 싸시느라 분주하셨다. 일 년 내내 피땀 흘려 농사지으신 것 다 싸주고 싶지만 만원버스, 사람도 타기 어려운데 고생할까봐 못 싸시고 솔 송편, 녹두부침 밑반찬만 싸시고 집에 가서 아이들하고 먹을 것이 없으면 쓸쓸하다고 하시며 꾹꾹 눌러 싸주셨다.

그때 당시에는 한 시간에 한 번 다니는 일반 버스뿐이었다. 다른 형제들은 한 번만 타면 되는데 우리는 갈아타는 사우리에서 막차를 놓치면 걸어갈 수 있는 거리도 아니고 걱정이다. 막차를 놓치고, 팔월대보름 대낮같이 밝은 달빛 아래 다섯 식구가 서성이고 있는데 때마침 지나가는 트럭이 태워준 때도 있었다. 화물차 트럭 운전사가 너무너무 고마웠다. 그때 일이 아직도 잊을 수가 없고 추억에 남는다. 부모님은 추석날밤 잠을 못이루신다. 잘 갔는지 막차를 놓치지나 않았는지? 집에 와서 어머니가 싸주신 보따리를 열어 보니 송편과 음식들에서 상한 냄새가 났지만 어머니의 극진한 사랑을 생각하며 남김없이 다 먹었다.

벌써 강산이 변하기를 수십 성상, 흔적 없이 흘러간 세월 속에 옛날에 맞았던 추석과 오늘에 맞는 추석의 감회가 주마등같이 머릿속을 스쳐간다. 앞으로 이 추석을 몇 번이나 더 맞아볼 수 있을는지…….

바위 소나무

세월이 갈수록 생각나는 것이 그리운 고향이다.

더욱이 타국 이민생활 속의 사향은 더 애잔하게 느껴진다. 내가 자란 고향집 뒷동산에 올라가면 큰 바위 가운데 애 노인같이 풍상에 절은 키 낮은 소나무 한 그루가 마치 수십 년 정성으로 가꾼 분재(盆栽)같이 아름다웠다. 우리는 이 소나무를 '바위 소나무'라고 불렀다. 그리고 병풍처럼 둘러선 수목 사이에 진달래, 할미꽃, 이름 모를 산꽃들이 동산을 아름답게 수놓고, 소털같이 부드러운 동산의 금잔디는 우리들의 보금자리였다.

나는 꿈 많던 유년시절 동무들과 자주 이 동산에 올라, 바위 소나무를 둘러앉아 한없는 하늘을 향해 목청 높여 동요를 부르고, 수목이 뿜어내는 맑고 청랭한 공기로 우리의 심신을 깨끗하게 키웠었다.

철없는 우리는 동산 모퉁이에 있는 주인 모르는 무덤에 미끄럼 타며, 숨바꼭질, 술래잡기하며 동심에 지쳐서 힘들어 바위 소나무에 오르면 바위 소나무는 우리들의 구슬 같은 땀을 시원히 씻어 주었다. 바위 소나무는 정말 우리들의 좋은 벗이었다.

아! 그립고 다정했던 바위 소나무, 덧없이 흘러간 세월, 지금도 그 자리에서 우리를 기다리고 있겠지? 바위 소나무의 키는 얼마나 더 자랐을까? 때가 되면 진달래, 할미꽃, 예쁜 들꽃들이 피어 있겠지? 그 위에 우리들의 꿈도 그대로 그려져 있겠지?

덧없이 흘러간 세월의 물레 속에 시나브로 산수(傘壽) 바라보는 황혼의 들녘에 서서 돌아보니 어머니 품처럼 따뜻한 고향의 향취 그립고, 바위 소나무의 허물없던 동심이 밀물처럼 가슴에 파도친다.

성탄절 밤의 기도

세상에서 가장 기쁘고 즐거운 날, 온 세계가 온통 축제의 분위기 속에 싸여 있을 때 그날 밤 나는 두 손을 모으고 엎드려 절절이 쏟아지는 눈물로 강을 이루며 하나님께 간절히 기도드렸다. 나는 불교 가정에 태어나 부모님이 우상을 겸하여 섬기시는 것이 너무 너무 싫었다. 가족 중에 병이 나면 굿날만 써다 붙이면 병이 낫는다. 의례히 가을 추수가 끝나면 신곡맞이라고 굿 하고 또 봄이 오면 꽃맞이라고 굿을 한다. 일제시대에 일 년 내내 허리띠를 졸라 매고 피땀 흘려 농사 지어봐야 일제가 다 빼앗아가고 겨울 양식도 남지 않는데, 일 년에 굿을 두 번씩 해야 하니 너무 속이 상했다. 굿은 현찰이어야 한다. 굿은 월부도 안 되고 외상도 없다. 돈이 없으면 빚을 내야하고, 쌀이 없으면 장리쌀이라도 얻어야 했다. 굿을 하면 떡은 필수고 술, 막걸리가 있어야 한다. 찹쌀로 밥을 지어서 누룩을 넣고 버무려 방 아랫목에 이불을 덮어 놓으면 술 고이는 냄새가 온통 온 집안에 진동한다. 그 시절에는 술을 담가먹다가

세무사에게 들키면, 벌금을 물고 징역을 갔다. 그래서 동네에 양복을 입은 사람이 얼씬만 해도 우리 가족들은 자지러졌다. 세무사가 술조사 나온 줄 알고 이렇게 공포에 떨 때마다 예수 믿는 가정은 얼마나 좋을까? 어린 내 마음에도 한이 맺혀 있었다.

굿날 밤이 새도록 무당들은 안좋은 푸념을 하면서 돈을 뜯어낸다. 날이 새면 무당들이 쌀이며 돈이며 떡을 바리바리 싣고 간다. 눈 뜨고 도둑맞는 것 같아서 어린 마음에도 무당들이 너무너무 미웠다. 어쩌다가 우리는 마귀들의 소굴에서 살게 되었을까 탄식을 할 때도 많았다.

성탄절을 앞두고 친구들은 모두 교회에 나가서 성경 암송도 하고, 합창 연습도 하고, 율동도 배운다. 나도 배우면 할 수 있는데, 당장 교회로 뛰어가고 싶지만 부모님이 허락을 안 하시니 어쩔 도리가 없었다. 드디어 성탄밤이 왔다. 친구들은 다 교회가고 나만 홀로 남았다. 밖에 나가서 사방을 둘러보았지만 나는 갈 곳이 없었다. 나는 집으로 뛰어 들어와 펑펑 울면서 하나님께 간절히 기도드렸다. 정말 마음속 깊은 곳에서 나오는 기도였다. 하나님이 나의 애통해하는 기도를 은밀히 들으시고 나에게 소망을 주셨다.

오랜 세월이 흐른 다음 나에게 희소식이 들려왔다. 믿는 가정에서 청혼이 들어왔다.

나는 신랑이 어떻게 생겼든 상관하지 않았다. 예수 믿는 것만 좋아서 시집을 가게 되었다. 시댁은 예수 믿는 가정이어서 아주 평온했다.

나의 친가에는 동생들 조카들이 자라면서 열심히 예수님 믿어서 마귀들이 세력을 잃게 되자 굿을 안해도 집안이 편안했다.

아버지는 59세에 갑자기 심장마비로 돌아가셔서 불교식으로 해 드리고 어머니는 큰아들 내외만 빼고 사남매가 예수님을 믿었기 때문에 어머니는 임종시에 예수님을 영접하셨다. 어머니 장례식날 큰 며느님이 우상 꿀맹이를 몽땅 내다 불에 태웠다. 동네 사람들이 모두 깜짝 놀라며 저 집 이제 큰일 났다고 소란을 피웠다. 그러나 하나님의 능력이 더 강해서 승리했다. 지금은 나의 큰아들도 신학을 공부하여 목사가 되고 우리 오남매의 가족 중에 목사 장로 전도사 집사로 교회를 섬기고 있다.

예전에는 아들 손자며느리 새옷 입고, 성경책 들고 교회 가는 것을 보면 눈물날 정도로 부러웠다. 이제는 나도 아들 며느리 손녀 손자 새옷 입고 교회 가는 날이 제일 많이 기쁘고 즐겁다. 성탄밤에 기도를 하나님이 들으시고 응답해 주신 것 감사를 드립니다.

옛날 농촌 속회

과학 문명이 발달하고 경제적 고성장으로 물질이 풍요롭고 환경이 변하고 모든 것이 급하고 경쟁적인 사회생활로 인정이 각박해 이웃이 없고 사랑이 인색한 세상이 되었다. 옛날의 평화롭고, 풍성하고, 급하지 않으며 느긋하고, 여유 있으며, 서로 나누는 진솔한 시골 인정이 그립다. 더욱이 밀레의 「만종」 처럼, 멀리 교회의 십자가 종탑에서 은은히 퍼지는 종소리에 두손 모아 기도하는 부부의 감사가 아름답게 그려진 농촌 풍경이 새삼 옛날 시골 교회 속회를 그립게 한다.

지금은 지나간 추억으로 그때의 속회의 식구들이 정말 그립고 생각난다. 힘든 농사일에도 속회가 모이면 주님의 사랑 안에 그저 즐겁고 색다른 음식은 먼저 속회원 입에 넣어주려고 치마폭에 싸와서 벌려놓고 기뻐하던 사랑의 공동체!

나는 30세 후반에 김포에서 남편의 직장을 따라 경기도 김포군 계양면 득실리로 이사했다. 목가적이고 전형적인 기름진 옥토의 시골 농촌이었다. 그 당시 계양면 소재지에는 인천 동 지방에 속한 영천감리교회 하나뿐이었다. 우리 식구들은 이 교회에 출석했다. 당시 교회 재적은 약 70명 정도였다. 아직도 그때는 온 동네는 물론 교회당까지도 전기가 들어오지 않아 밤에는 관유와 호롱불로 어둠을 쫓고 개방된 문화생활은커녕 거의 미개인의 생활로 불편하기 그지없었다. 겨우 우리 집만 직장 관사여서 전기와 전화 시설이 돼 있었다.

우리 교회당이 얼마나 오래된 건물인지 알 수 없었지만 낡은 초가 모퉁이에 나무 종각 위에 십자가가 높이 달려 있었다. 얼마 전에 담임 목사님이 떠나시고 갓 결혼한 이원배 전도사님이 새색시인 사모님과 함께 부임해 오셨다. 전도사님께서 설교, 심방은 물론 내외가 사찰이요, 머슴으로 힘든 일들을 도맡아 하셨다. 전화도 없던 시절이어서 교인 상호간의 연락과 속회 모임도 직접 사람의 발로 30~40분씩 걸리는 거리를 밭두렁, 논두렁을 곡예하듯 엉겅퀴 도깨비풀에 긁혀가면서 더욱이 밤 속회 때는 믿음을 단련하는 야간 훈련이었다. 여름 밤 앞에서 반짝반짝 밝히는 반딧불이 따라가는 기분은 낭만과 운치마저 느끼게 하며, 겨울 밤이면 달빛이 퍼붓는 하얀 누리를 밟는 발자국 소리를 동무삼아 한 발 한 발 교회당으로 다가가는 기쁨, 믿음과 소망의 천국 길을 향하는 성도의 보람을 느끼게 했다.

속회는 '하우고개', '성아니', '득실리', '묵상리', '붉은고리', '바랫벌', 6개 부락으로 나눴지만 매주 금요일에 속회별로 돌아가면서 함께 전도사님 인도로 모이곤 했다. 재미있는 것은 속회별로 모여 어두운 밤길을 가노라면 대개 어느 지점에 닿으면 소곤소곤 소리와 때로는 깔깔 웃음소리가 이쪽저쪽에서 모아져 온 들길이 소란했다. 여름 속회 때는 논밭에 흘린 속회원의 땀 냄새에 모기, 하루살이가 먼저 속회를 시작한다. 찰싹찰싹 팔다리에 맞아 죽어가면서도 달라붙는다. 그래도 종일 논밭 일에 지친 속회원들은 옳소! 옳소! 꾸벅꾸벅. 공과책은 따로 속회를 하다가도 "헌금 합니다" 하면 오이, 호박, 채소… 밭농사 소출을 내다판 돈을 고쟁이 주머니에서 토해낸다.

속회보다 먹는 일이 즐겁다. 주기도가 끝나기 바쁘게 입을 즐겁게 하는 음식들이 기다리고 있다. 수박, 참외, 복숭아, 옥수수, 감자, 포도, 고구마… 철따라 지은 농산물을 이 속회 저 속회원들이 아름아름 가져와서 나누며 친교 한다. 정말 농촌에서나 볼 수 있는 순진하고 소박한 인정이 주님 사랑 안에서 풍겨나고 녹아나는 성도의 교제였다. 지금은 이런 농촌 전경은 찾아보기 힘들 것 같다. 이런 아름답고 순결한 주님의 사랑 속회 공동체가 목회자의 헌신과 노력으로 날로 교회가 부흥하였으며, 이원배 목사님(목사위임받음) 부임 얼마 되지 않아서 단층이지만 붉은 벽돌로 아담하게 예배당을 건축하여 하나님께 헌당했다.

아! 정말 40년 전 옛날 농촌 속회가 그립다. 주님의 사랑으로 그 순수하고 꾸밈없고 진실한 믿음의 형제들, 다시 돌아갈 수 없는 추억의 아름다웠던 영천감리교회 속회가 아 정말 그립구나.

어머니의 정원

어느덧 40년의 세월이 흘렀다. 개화리 우리 집 정원에는 봄, 여름, 가을, 곱고 아름다운 꽃들이 피어서 우리 집뿐 아니라 온 동네를 아름답게 미화하여 우리 집을 꽃집이라고 불렀다. 정말 우리 집 정원에는 카네이션, 튤립, 분꽃, 봉숭아, 백일홍, 활연화, 나팔꽃, 맨드라미, 국화, 해바라기, 코스모스, 장미, 백합, 과꽃, 채송화, 이렇게 여러 가지 꽃들이 피어 만발하며 봄, 여름, 가을, 빨강, 노랑, 진분홍, 연분홍, 보라색, 이렇게 색색으로 물들이곤 하였다. 카네이션은 어머니의 사랑이 겹겹이 쌓여 있다고, 튤립이 피면 종 같다고 땡땡? 분꽃이 피면 어머니는 서둘러 저녁 준비하시고, 봉숭아꽃이 피면 꽃을 따서 백반을 넣고 찧어서 다섯 손가락에 빨갛게 물들여주시고, 백일홍꽃은 백일을 핀다고 흙을 북돋아 주시고, 활연화, 나팔꽃이 피면 새끼줄을 매어서 사다리를 올려주시고, 맨드라미꽃은 부채 같아서 시원하고, 과꽃이 피면 가을이 오고, 코스모스 살랑살랑 노래 부르고, 해바라기 얼굴보고 고추 말리고, 장미꽃이 피면 예쁜 사랑이 싹트고, 채송화꽃은 아래 자락에 앉아 동그란 미소 누런 금니가 반짝이고, 백합이 피면 온통 향기 진동하고, 고추잠자리, 호랑나비, 벌들이 날아든다고 하셨다.

이렇게 어머니는 여러 가지 꽃들에 대해서 재미있게 설명해 주셨다.

비올 땐 비먹은 꽃입술에 영롱한 구슬을 굴리고, 햇빛 쨍쨍 퍼질 때는 얼굴을 붉혀 요염한 자태를 뽐내며, 가을바람 솔솔 불 땐 간들간들 춤을 추며, 벌 나비 꿀방 찾아 날아드는 화사하고 정아한 정원, 춘하추동 꽃 속에 파묻힌 우리 집 정원 모두가 어머니의 정성스런 손끝으로 가꾼 꽃밭이었다. 나는 지금 생각해도 어머니께서 지극 정성으로 정원을 가꾸시던 그때 일을 생각하면 저절로 감탄이 흘러나온다.

계절 따라 고운 꽃이 피고 질 때쯤, 씨방에 씨가 여물면 어머니는 기다렸다는 듯 어김없이 기회를 놓치지 않고 씨를 받아서 하얀 무명 헝겊에 곱게 싼후 거기에 연필로 꽃 이름을 적어서 작은 싸리바구니에 담아 통풍이 잘 되는 곳에 보관하셨다가 봄이 오면 삽 호미로 텃밭을 갈고 꽃에 따라 적기에 꽃을 심고 물주고 잡초 뽑고 정성을 다하여 아름다운 꽃이 피게 하셨다. 어머니는 유난히도 화초를 좋아하셔서 평생 꽃 속에서 여생을 보내셨다. 지금 와서 생각하니 우리 어머니는 훌륭하신 정원사였다. 어머니는 모든 일에 적극적이시고 진실하시고 우리들에게 삶의 교훈을 몸소 실천하시며 가르치신 선생님이셨다. 나는 이렇게 훌륭하신 어머니가 계셔서 정말 행복했다. 지금도 나는 변함없이 액자 속에 그림같은 어머니 정원을 떠올리며 옛 추억을 그려본다.

어머니 얼굴

팔십, 노 할미인 나는 지금도 가끔 자애스럽고 사랑해 주시던 어머니에 대한 그리움이 가슴을 잔잔하게 파도치게 한다. 지금 내가 생각해 봐도 어머니의 사랑은 특별했다.

다른 어머니들도 자식에 대한 사랑은 극진했지만 우리 어머니는 정말 자식밖에 모르시는 분이셨다. 특별히 딸인 내게 대한 사랑을 나는 알고 있다. 가난과 고난과 어려움이 겹치던 그 시절에도 꿋꿋이 우리 오남매를 남부럽지 않게 키워 주셨다.

나는 지금도 그 일을 잊지 않고 있다. 내가 시집 갈 때 어머니는 넉넉지 않은 살림에도 완자무늬가 새겨진 반짇고리에 흰 무명실과 검정색 무명실을 복복자가 새겨진 빨간 고운 실패에 탄탄하게 감아 넣어주시면서 아무쪼록 시집가서 잘 살라고 말씀하시며 시부모님 잘 공경하고 남편 내조 잘하고 형제간에 화목하고 생선을 사면 가운데 토막은 소금에 절였다가 부모님 오시면 쪄드리고 돌아가실 때 노잣돈 잊지 말고 챙겨드려야 한다고 간곡한 말씀을 하셨다.

나는 시집에 둘째며느리로 분가해 살면서 어머니의 당부대로 지극히 시부모님을 공경하고 섬겨드리며 시부모님의 사랑을 듬뿍 받으면서 슬하에 삼남매를 낳아 키우며 행복하게 살았다. 결혼 후 23년 만에 조국을 등지고 미국으로 이민을 왔다. 이민 올 때 내 장롱에는 어머니가 시집 올 때 해 주신 옷들이 가득했었다. 떠나올 때 친척들에게 다 나누어주고 왔는데 다행히 바느질 실패 하나가 이민 봇짐 속에 따라왔다. 나는 이 빨간 실패를 발견했을 때 어머니 얼굴을 본 것처럼 반가웠다. 그래서 나는 이 빨간 실패를 꺼내 쓸 때마다 어린애같이 옛날 어머니의 애틋한 사랑이 가슴 가득 채워진다.

세월의 흐름 속에 몇 강산이 변했지만 어머니에 대한 사랑의 그리움은 변함이 없다.

나는 바쁜 생활 속에서도 어린애같이 어머니가 그리울 때면 빨간 실패를 꺼내본다. 그 속에서 동백기름 발라 곱게 빗은 까만 머리, 고운 어머니의 인자하신 모습을 그려 본다.

위대하신 우리 어머니

어머니는 16세에 시아버지, 시동생 그리고 남편 삼부자가 사시는 경주 이씨 가문에 시집오셨다. 선대부터 농업을 본업으로 살아왔으나 물려받은 재산도 없어 생활이 넉넉지 못했다. 그래서 친정 부모님들은 어린 것이 힘든 시집살이를 어떻게 꾸려갈까 하고 늘 안쓰러운 마음과 걱정이 끊이지 않으셨다. 그러나 어머니는 성품이 고우시고 지혜롭고 명랑 쾌활하신 데다 유머가 있으셔서 주위의 사람들을 편안하게 하며 또 성실하셔서 어려운 가정 살림살이도 원만하게 잘 꾸려 나가셨다고 하셨다.

보릿고개 허기지던 어느 날 아침 새벽 밭에 나가셨던 아버지가 파란 풋보리 한 짐을 베어오셨다. 이 풋보리로 밥을 지으려면 며칠 더 말려야 하는데 어머니는 이 풋보리로 빨리 저녁밥을 지으려고 풋보리를 털어 가마솥에 볶아서 이것을 또 절구에 찧어서 저녁밥을 지었다. 밭에서 돌아오신 아버지께서 깜짝 놀라 감탄 또 감탄하셨다고 했다.

나이도 어린 새색시가 이렇게 지혜로운 생각으로 식구들의 허기진 배를 채우게 할 수 있을까. 어머니의 이 소문은 이웃에 퍼져서 많은 이웃사람들이 배우고 풋보리를 말리지 않고 밥을 지어 먹었다고 했다.

어머니는 학문은 많이 배우지 못하셨지만 남의 집 편지도 많이 읽어주시고 바느질 음식 솜씨도 좋으시고 재능이 많으신데다가 유화한 마음씨로 이웃과 화친하며 홀시아버지 공대와 뒷바라지도 지극정성하여 효부로 어린 새색시로 칭송이 대단했다고 했다. 어머니보다 열 살 위인 아버지는 이런 진실한 어머니를 극진히 사랑하셨다. 가난을 사랑으로 극복하며 둘이 협력한 보람 있어서 새살림은 날로 늘어나고 얼마 있지 않아서 행주산성 건너편 경치 좋은 곳에 낡은 초가를 헐어버리고 좋은 목재로 넓고 더 큰 집을 짓고 행복했었는데 을축년 지금으로부터 95~6년 전 천지개벽 하는 이변에 엄청난 홍수로 동네 전체를 수마가 흔적없이 할퀴고 지나갔을 때 공든탑이 무너진 허탈감 속에 가재 하나 건지지 못하고 맨몸으로 숟가락 다섯 개와 냄비 하나만을 달랑 들고 안동네로 소개되어 천신만고로 무에서 다시 시작하여 고생스런 생활을 이어가는데 설상가상으로 일제가 저질러놓은 제2차 세계대전의 패색으로 전쟁무기를 만든다고 밥주발, 숟가락, 젓가락, 요강까지 놋쇠란 놋쇠는 깡그리 빼앗아가고 공출로 날강도같이 씨앗까지 쓸어가니 정말 초근목피와 시래기, 우거지로 겨우겨우 연명했다. 식량배급이라고 생색내는 것이 고작 썩은 콩깻묵, 호밀껍데기가 다였다. 그런

시기에 철부지인 우리들이 밥그릇을 닥닥 긁으면 어머니는 시래기 죽마저 우리들에게 나누어주시고 늘 허리띠를 졸라매셨다. 어머니의 자애심은 늘 남다른 데가 있었다. 모두가 의식주 해결이 어려운 때라 동냥하는 거지들도 많았다. 어머니는 늘 식구들 밥 외에 세 사람 몫을 더 준비하셨다. 그마저 모자랄 때가 많았다. 두말 할 필요 없이 그것은 어머니 몫이다. 그래도 어머니는 조금도 귀찮은 내색 없이 그들에게 진심으로 따뜻한 마음을 베푸시는 자애의 어머니셨다. 그렇게 힘들고 어려워도 자식들 앞에서 내색을 하지 않으시며 항상 밝고 맑은 모습이셨다. 어머니는 밤이면 김포공항 건설현장에 근로봉사라는 미명아래 계절 없이 큰 양다라에 자갈을 가득 목뼈가 부러지도록 이어나르며 밤늦게까지 부역으로 고생하시고 오남매의 뒷수발로 밤낮 구별 없이 희생과 헌신으로 일관하셨다. 혹한에 밤늦도록 부역을 마치고 꽁꽁 언몸으로 돌아오신 어머니는 더운 국물 마실 새도 없이 피곤도 잊은 채 곤히 잠들어있는 우리를 위해 군불을 지펴주시고 따뜻한 아랫목으로 밀어주셨다. 어머니는 우리들에 대한 교육열도 남달리 높으신 분이셨다. 겨울에 학교에 갈때는 추위를 덜어주려고 여러 자식들의 장갑, 버선을 이불 요 밑에 넣었다 꺼내주시고 까만 광목 두루마기 등에 솜 한 조각을 더 두툼히 깔아주셨기 때문에 시오리 되는 등하교길도 훈훈하게 다닐 수 있었다. 어머니는 경제적으로 쪼들리는 생활 속에서도 자식들의 기를 죽이지 않으시려고 무진 애를 쓰셨다. 월사금(사친회비)통지서를 받아오면 어떻게 마련하시든지 기한 내에 납부하도록 애를 쓰셨으며 수학여행 갈 때에도 힘든 내색 없이 경비를 손에 쥐어주시던 어머니의 눈물 나는 따뜻한 헌신으로 우리들은 구김 없이 꿋꿋하게 자랄 수 있었다.

그러나 패전해가는 일본 정부가 16세 이상 되는 미혼 여성을 강제로 징발하여 전선으로 보내는 천인공노할 만행을 자행하고 있는 현실의 안타까움이 딸 가진 부모들의 가슴을 찢게 했으며 우리 어머니의 가슴도 공포와 가시로 마음이 갈기갈기 찢어졌다. 바로 내 위 언니가 당시 16살이었다. 그래서 이 언니를 서둘러 시집을 보내려고 매파를 내세우며 혼처를 구하던 중에 8월 13일 두 할머니가 언니 선을 보러 와서 점심상을 대청마루에 올려놓고 또 물 양푼을 들고 마루에 올라오는 순간 갑자기 하늘에서 벼락치는 소리가 났다. 뛰어 나가보니 미국 폭격기 두 대가 날아와서 일본 전투기와 공중전이 벌어졌다. 여기저기에서 시커먼 연기가 김포공항 주변을 뒤덮었다. 알고 보니 일본 전투기 두 대가 추락했다. 일본 군인들은 재빨리 낙하산을 타고 내리고 우리 집 하늘은 이날 전쟁터를 방불케 했다. 그때 우리 가족은 집 뒤 개화산 밑에 일본 정부가 파놓은 반공호로 달려갔고 언니 선을 보러온 두 할머니는 어디로 갔는지 알 수 없었다. 그리고 2일 후 하나님의 도우심으로 8월 15일 해방이 되었다. 우리 가족은 기쁨에 복받쳐 울면서 대한독립만세를 불렀다. 그리고 언니의 큰 화를 면하게 되었다.

해방 이듬해 농사를 지어서 벼 가마니를 창고에 가득 재어 놓으니 배부르고 지난날의 어렵던 시절이 옛날이 되고 이제 정말 행복이 오는 줄 알았는데 청천하늘에 날벼락이다. 그 해 아버지는 심장마비로 험한 세상 고생만 하시다가 사랑하는 어머니와 우리 오남매를 두고 먼저 하늘나라로 소천하셨다. 정말 하늘이 무너진 것 같았다. 그 누구보다도 어머니의 눈물은 큰 강이 되고 남음이 있었을 것이나 어머니는 우리들 앞에서 흔들리지 않으시고 꿋꿋하셨다.

이제 모든 아픔이 스러져갈 즈음에 1950년 6월 25일 미명을 기해서 북한 김일성 공산도당의 3·8선 불법기습 남침으로 전쟁이 발발하여 대비없이 당한 국군의 패전으로 전세가 불리하고 돌진하는 인민군의 불 뿜는 포성이 강화도를 뒤흔드니 어느새 동네사람들이 피난 보따리를 이고 지고 앞다퉈 피난길에 나서는 것이 말 그대로 정말 아비귀환 대난이었다. 우리 가족은 저녁을 먹으려다가 밥그릇을 가마솥에 쓸어 넣고 어머니가 대강 싸서 주신 보따리를 이고 지고 허겁지겁 애기를 들쳐업고 공포에 질린 채로 억수같이 퍼붓는 장대비 속을 확실한 목적지도 없이 피난 인파에 휩쓸려 25리 정도 걷다보니 입에선 쓴내가 나고 땀은 비오듯 하고 밤은 깊었고 더 이상 갈 힘이 없어서 염창동 먼 친척집으로 들어가 떨고 있는데 새벽녘에 노량진 한강대교가 폭파되었으며 많은 피난민과 차량이 질서없이 떠미는 피난 군중에 의해 불가항력으로 절단된 대교 밑으로 어쩔 수 없이 떼밀려 한강 속에 떨어져 죽은 인명이 수백 명이라고 했다. 어머니는 자식들을 생각하시고 강하고 굳은 결심을 하셨다. 죽어도 집에 가서 죽자고 하시며 마치 전쟁에 임한 부대장 명령같이 우리를 돌려세웠다. 이때 어머니의 모습은 정말 위대한 장군 같았다. 우리는 피난 나갈 때 어머니는 큰 보따리를 이고 큰올케는 두 살짜리 딸을 등에 업고 큰 보따리를 머리에 이고 내 손위 언니는 시집가고 나는 네 살짜리 남자 조카를 업고 두 동생들도 보따리를 등에 지고 피난을 나가면 살겠지 희망을 걸어 보았지만 죽어도 집에 가서 죽자는 어머니 그 말씀에 기진맥진하여 한 걸음도 내디딜 힘이 없었지만 그래도 어머니 힘으로 집에 돌아왔다. 집에 와서 보니 부상당한 국군이 대문 옆 마차간에 은신하고 있었다. 어머니는 놀라지도 않으시고 사복으로 갈라 입히시고 안전하게 내보냈다.

우리 집 뒤 개화산 비탈에는 우리 국군들의 시체가 피를 흘리고 수없이 널브러져 있었다.

이렇게 엄청난 전쟁 중에서도 어머니는 우리들만 안전한 먼 시골에 피난시키시고 자신은 혼자 집을 지키시면서 생사의 전쟁 속을 죽음의 위협을 무릅쓰고 우리들의 양식을 시골 피난처까지 날라다 주셨다. 그리고 눈보라 휘몰아치는 혹한인 1·4 후퇴 당시 우리는 온 가족이 경기도 안산 깊은 산골에 피난했다. 먼 사돈댁에서 하루를 묵고 어머니는 두 동생을 데리고 집으로 돌아 가셨다. 엄동설한 그해 폭설이 내려서 눈이 무릎 위에 찼었다. 집으로 돌아가신 어머니와 두 동생은 잘 가셨는지 눈 속에 잘못된 것은 아닌지 잠을 이룰 수가 없었다. 그때 당시 오빠와, 형부는 의용군으로 뽑혀가고 올케, 조카 두 명 ,언니의 아들, 나를 포함 여섯 식구가 사돈댁에서 피난해 있으면서 약 세달동안 어머니와의 연락이

두절되어 무척 안타깝고 불길한 생각마저 마음을 졸이고 있었는데 김포공항 부근이 쑥밭이 되었다는 뉴스가 우리들의 마음을 한층 더 불안하게 했다. 가슴을 태우며 더 기다릴 수 없어서 우리들은 어머니를 찾아서 집으로 향했다. 소사읍에 달했을 때 건너편 골목에서 머리에 큰 보따리를 이고 허둥지둥 걸어오는 여인이 있었다. 그런데 이게 어쩐 기적인가? 점점 내 앞에 다가온 여인은 바로 우리 어머니셨다. 천우신조의 만남에 우리들은 통곡 속에 얼싸안고 길 위에 뒹굴었다. 이때 어머니는 우리들을 먹이시려고 찹쌀엿과 미숫가루와 떡을 해서 무겁게 이고 오시는 것이었다. 나는 이때 다시 목숨조차 자식들 위해 돌보지 않으시는 어머니의 강하고 위대하고 고귀하신 사랑에 하염없이 눈물이 쏟아졌다 .이런 어머니의 헌신적 희생의 사랑으로 우리 오남매가 잘 자랄 수 있었다.

어머니는 한 많은 세상 고생만 하시다가 44년 전 70세를 일기로 생을 마치시고 하늘나라로 소천 하셨다. 어머니의 빈자리는 아직도 우리들에게 휑 뚫린 하늘같이 비어있다. 생전에 머리카락 하나 흐트러짐이 없으시고 항상 고우시고 단정하시고 우리들의 사표가 되셨으며 무릎이 닳도록 기도하시고 신앙으로 우리를 길러주시던 어머니. 고난의 시대에 사시면서 오남매를 위해 모든 것과 혼까지 내어주신 우리 어머니. 위대하고 강하셨던 어머니. 깊은 산골짝에 홀로 핀 지순하고 고귀한 백합같이 말없이 피었다가 외롭게 가신 어머니. 지금도 가슴 깊이 조용히 불러본다.

어머니! 어머니! 어머니! 위대하신 사랑의 우리 어머니!!!!!

아버지와 쌀농사

우리 부모님은 농업이 본업이셨다. 농사는 천하지대본이라고 하시며 자랑스럽게 여기셨다. 우리 부모님은 아주 근면하시고 자상하셔서 자수성가로 일군 재산으로 대농을 지으셨다. 대농을 지으셨음에도 평생 쌀밥을 주리신 것을 생각하면 너무 억울해서 견딜 수가 없다. 지금은 시대가 변해서 농사도 기계화되어 쉽게 쌀 생산이 되지만 그 옛날에는 처음부터 끝까지 인력으로 힘들게 쌀이 나왔다. 그래서 나는 쌀이 나오기까지 부모님이 얼마나 고생을 하셨는지 대강 적어보고 싶다. 쌀이 나오기까지는 8개월에서 9개월 정도 걸린 것 같다. 농번기가 되면 못자리 볍씨를 심을 땅을 두세 번 먼저 갈아 놓는다.

우리 집에는 소달구지가 있었고 소가 자는 외양간에 볏짚을 매일 깔아주면 거기다 똥을 쌌는데 싼 소똥을 받은 것을 소덤이라고 한다. 또 마당 한 켠에 구덩이를 파고 풀을 베어다가 소 덤과 함께 재 놓았다가 농번기가 되면 소달구지로 실어다가 전체 논에 편다. 이때 화학비료도 함께 쓴다. 먼저 볍씨를 물에 담그고 못자리 할 땅을 또 두 번 갈고 써래로 밀고 고르게 만든다. 볍씨를 건져서 가마니를 덮어 싹을 틔운다. 하얗게 싹이 난 볍씨를 새끼줄을 띄우고 판판하게 만든 못자리에 뿌린다. 이렇게 되면 쌀농사의 기초 작업은 일차 끝났다고 생각하지만 또 모를 내 주어야할 논들을 두세 번 갈아주어야 하고 씨를 뿌린 못자리에는 항상 물이 2, 3인치 정도 올라오도록 대 주어야 한다.

볍씨가 파릇파릇 싹이 나면 잡초를 뽑아준다. 볍씨를 뿌린 후 40일이 되면 뽑아서 다른 논에 심어 주어야 한다. 모내는 날 날씨가 좋아야 한다. 혹시 나쁜 바람이 불어서 모끝이 말라 죽으면 아버지께서는 울상을 지으셨다. 일 년 농사의 수확을 측정하는 시기다. 그리고 모를 낸 지 20일 만에 호미로 파서 애벌김을 매주고, 또 15일이 되면 두벌김을 매고, 그 후 20일 후에 세벌김은 호미로 땅을 파지 않고 손으로 잡초를 뽑아준다.

이때 쯤이면 개구리가 밤을 새워 울어대는 논바닥에 모가 조금씩 포기가 벌어지면서 들판은 어느새 여름이 무르익어가고 아버지는 조금 숨을 돌리시고 한낮에는 잠시 툇마루에 누워 낮잠을 즐길 수도 있었건만, 일본 경찰들이 와서 대문을 두드리며 퇴비하라고 아버지를 끌어낸다. 풀을 베다가 퇴비를 많이 해서 밑거름을 잘하면 소출이 많이 나온다.

많이 나오면 많이 빼앗아 가니 맥이 풀린다. 아버지는 그래도 한여름 뙤약볕에 지게를 지고 들로 나가신다. 이렇게 잠시도 쉬지 못하시고, 어느새 논바닥은 벼이삭이 나와서 목도열병 걱정을 한다. 목도열병이란 벼이삭 밑을 기생충이 파먹어서 이삭이 말라 죽는 것을 말한다. 여러 번 농약을 뿌리고 소독을 했지만 간혹 그런 해가 있다. 그럴 때마다 아버지는 울상을 지으셨다. 그리고 벼가 익기 전에 피사리를 해야 한다. 피를 뽑지 않으면 탈곡해서 방앗간에 벼를 찧어서 쌀이 나올 때 좁쌀 같이 생긴 피 알이 함께 나오면 밥을 지을 때마다 어려움을 겪는다. 이때 아버지는 아침 해가 뜨기도 전에 논에 나가셔서 피사리에 몰두하셨다.

그래도 하나님께서 이른 비와 늦은 비를 주시고 햇볕을 주셔서 풍작이었지만 추수의 기쁨은커녕 타작마당에 기다렸다는 듯 일본 경찰들이 트럭을 몰고와서 볏가마니를 몽땅 실어갔다. 남은 것은 괴때기뿐인데 털어봐야 겨울 양식도 안 된다. 아버지는 앞이 캄캄해지고 허탈감에 빠지셨다. 그리고 쌀밥 한 그릇 마음 편히 못 잡수시고 또다시 허리띠를 졸라매야 했다.

일 년 농사를 실패하면 일 년의 설움이라 했지만, 일 년이 아닌 36년이란 긴긴 세월을 허기진 배를 졸라매고 살아오신 부모님의 삶은 정말 잊혀지지 않는 아픔이었다, 그리고 보릿고개는 더더욱 힘들었다. 또 겨울에도 따뜻한 잠도 못 주무신다. 왜냐하면 농촌에서는 볏짚이 땔감인데 일본 경찰이 집집마다 다니면서 볏가마니보다 설빗하게 가마니를 짜라고 하면서 한 집당 수천 장씩 배당을 해주었다. 전방에서 탄알을 쌓는데 사용한다고, 아버지는 밤이 깊도록 사랑방에서 새끼를 꼬시고 잠시 눈을 붙이셨다.

그때 당시 가마니 이름은 무시로였다. 이 무시로를 짜는 데는 세 사람이 필요했다.

온 가족이 깊은 겨울에도 쌀밥도 배불리 못먹고 시래기죽으로 연명을 하면서 게다가 따뜻한 잠도 마음 놓고 아침 해가 뜰 때까지 못 주무셨다.

일 년 내내 피땀 흘려 쌀농사 지어봐야 해마다 빈껍데기의 허탈감에 빠지곤 했다.

하지만 모두 다 지나간 옛날이야기다. 그래도 나는 지금도 그 시절 부모님 주리시고 고생하신 것을 생각하면 가슴이 아프고, 쌀이 나오기까지 오랜 시간 얼마나 피땀을 흘려야 하는지 알기 때문에 쌀 한 톨이 땅에 떨어지면 아버지 생각하고 얼른 줍는다.

아버지 생각

한국에는 아버지날이 따로 없고 어버이날로 지키나 이곳 미국에는 어린이날은 따로 없어도 어머니날과 아버지날은 따로 지킨다. 아마도 아버지의 은혜를 기리기 위해 별도로 정한 날로 생각한다.

2008년 6월 15일은 아버지날이어서, 우리 교회 목사님께서 아버지에 대한 설교를 하셨다. 나는 뜬금없이 어린 시절 아버지 생각이 아지랑이처럼 피어올랐다.

나는 평범한 농부의 가정에 오남매 중 셋째로 태어났다. 그리 큰 부농은 아니었지만 중농 가정으로 아버지를 위시하여 어머니 그리고 우리 오남매가 평화로운 가정을 일구며 살았다. 내 어릴 적 생각으로는 아버지는 인자하시고 곧으시며 가장으로서 책임을 가지고 성실한 성품으로 열심히 살아오신 분들의 표본이셨다.

어느 핸가 짐작하건대 바로 이맘때인 6월 중순인것 같다. 새벽

일찍 삽을 들고 논에 나가셨던 아버지께서 힘없이 맥이 풀린 모습으로 들고 나가셨던 삽자루를 외양간 소구유 옆에 던지시고 대청마루 끝에 덜렁 걸터앉으시는 모습이 무슨 큰 심상치 않은 일이 일어난 것 같았다. 게다가 아버지의 베적삼은 물에 담근 빨래처럼 땀이 흠뻑 배어 등에 찰싹 달라붙은 것으로 보아 아버지께서 혼신을 다하여 얼마나 몸부림을 치셨는지 짐작할 수 있었다.

그렇지 않아도 요즘 가뭄이 농사에 적지 않게 타격을 주며 농부들의 가슴을 태우는데 , 어느새 내 손에 부채가 쥐어졌는지 땀으로 범벅된 아버지의 베적삼에 연신 바람을 모아 부채질 했다.

잠시 숨을 돌리신 아버지께서 물을 달라고 하셨다. 아버지의 눈에는 눈물이 고여 있었다. 나는 깜빡 생각났다. 냉큼 부엌으로 달려가 냉수 한 대접을 떠다 떨리는 손으로 드렸더니 단숨에 비우시고 또 침묵하시다가 다시 땅이 꺼질듯 납덩이같이 무거운 큰 한숨을 토하셨다.

모를 심은 후 계속 날이 좋지 않더니 거기다가 "밤새 장단놉새 바람이 논을 휩쓸어 어린 모 끝이 가랑잎마냥 말라버려 이렇게 되면 모가 제대로 성장하기 어려우며 추수도 늦어지고 수확도 형편없는 흉작이 된다"고 하셨다.

그래도 아버지께서는 논둑이 닳도록 물대기와 잡초 뽑기, 비료주기, 소독 등, 논을 가꾸시는 일에 여름 땡볕도 마다 않으시고 일꾼들을 앞세워 전력을 다하시었다. 그런 가운데 세월은 어김없이 추수의 계절에 이르렀다. 아버지의 피땀 어린 노력으로 그런대로 생각보다 조금은 나은 수확을 거두게 되었다.

탈곡기 소리가 가을 들판에 요란히 진동하던 어느 날 무슨 날벼락인가. 늑대 같은 일본경찰이 기다렸다는듯이 트럭을 몰고 와서 거의 강탈해가는 것이었다.

때는 제2차대전, 일제가 말하는 대동아전쟁이 치열하여, 일본이 풍전등화같이 패전기로에 접어들 때였다. 놋대야, 놋요강, 수저, 젓가락마저 수탈당해도 식민지 약소민족은 어디다 하소연 할 곳도 없었다. 그리고 아버지께서는 낮은 논밭 일로 밤에는 김포공항 건설 현장에 부역으로 끌려가 밤늦게까지 곤욕을 치루시고 지친 몸으로 돌아오시곤 했다.

아버지께서는 이렇게 고달픈 삶속에서도 우리 오남매 배고플세라 어떻게든지 쌀이 없으면 호밀수제비, 메밀장국을 먹였어도 끼니는 한 번도 거른 적이 없었다. 생각해 보니 근면하신 아버지의 극진하신 사랑의 덕 때문이었다.

이렇게 우리 아버지께서는 우리를 위해 노예같이 자신을 돌보지 않으시고 사시다가 8·15 해방된 그 이듬해 1946년 59세에 심장마비로 한 많은 세상을 고생만 하시다가 사랑하는 어머니와 우리 오남매를 두고 하나님 품으로 소천하신 것이다.

이제 내 나이 칠십 지나 회고해보니 아버지의 인자하시고 후덕한 그 사랑이 한없이 그리워지며 살아생전에 불효막급 함을 뉘우친다.

남편의 유언

지금으로부터 37년 전 경기도 김포군 계양면 득실리에서 였다.

우리 다섯 식구 그 당시 남편 나이 48세, 내 나이 43세, 큰아들 16세, 작은아들 14세, 딸은 9세였다. 삼남매가 초, 중, 고등학생일 때 남편은 한강농지개량조합 계양출장소 소장으로 근무 중이었는데 갑자기 몸살감기처럼 원치 않는 질병으로 여기저기 병원을 찾아 치료를 받았지만 차도가 없어서 마지막으로 서울 세브란스병원에 입원을 했다.

두 아들은 그 무거운 책가방을 들고 조석으로 아버지를 문병했다. 가족 친지들, 직장 동료들과 이웃들도 끊임없이 병문안을 왔다. 그 당시만 해도 한가닥 희망이 있었다. 큰 병원에 왔으니까 고칠 거야 했다. 그러나 청천하늘에 날벼락이었다. 암이라고 진단이 나왔다.

나는 병실 모퉁이 뒤에 가서 목을 놓고 통곡을 했다. 그때 의료진들이 달려와서 위로를 해주었다. 남편의 병세는 점점 악화되고 가망이 없었다. 그날 밤 팔에 링거를 꽂은 것도 몹시 괴로워해서 간호사를 불러야 했다. 간호사가 다녀간 후 사경을 헤매던 남편이 정상으로 기억력이 돌아와서 맑은 정신으로 나에게 유언을 하는 것이었다. 나 당신한테 너무 미안하오, 직장 일만 열심히 하다 보니 화장품 하나 제때 못 사주고 정말 미안하오. 부모 처자식을 두고 가고 싶어 가는 것 아니라오. 어쩔 수 없어서 가는 거라오. 그게 무슨 소리냐고 병고치러 왔는데 왜 그런 소리 하느냐고 했더니 아니라고 며칠 전만 해도 희망이 있었는데 이제는 가망이 없다고 하면서 큰아들 철기는 무엇이든지 한다면 하는 아이고 병기, 민영이는 아직 어리긴 하지만 큰아들은 큰아들대로 애로가 있고 작은아들은 작은아들대로 애로가 있고 딸은 딸대로 애로가 있을 것이라고 하면서 이렇게 아이 셋을 다 당신한테 맡기고 가서 미안하오.

그리고 나는 아주 먼 곳에서 당신한테 이 말 해주려고 일부러 왔다오. 하면서 이제 당신과 나는 영원히 보지 못할 아주 먼 곳으로 간다오. 이렇게 유언을 하고, 다시 혼수상태로 돌아갔다.

그 날은 1976년 3월 18일 새벽 3시경이었다 나는 즉시 큰댁에 전화를 했다. 형님 내외분이 오셔서 집으로 퇴원을 했다. 남편은 또 다시 정신이 돌아왔다. 어머니 고생 많으셨지요, 딸에게도 민영아 고생 많았지, 하고 목사님 내외분이 오셨는데 목사님 병원 심방도 해주시고 아주 수고가 많으셨다고 인사를 드리고 남편이 좋아하는 찬송 186장(내 주의 보혈은)을 함께 부른 후 또 다시 남편은 혼수상태로 돌아가 밤을 지새웠다. 3월 19일 아침 이원배 목사님 내외분이 또 오셔서 예배를 드렸다.

아침에는 다시 정신이 돌아와서 남편은 누워서 아랫목 벽에다 손가락으로 큰아들 이름 쓰고 목사님께 부탁하고, 작은아들 이름 쓰고 목사님께 부탁하고 딸 이름 쓰고 목사님께 부탁하고, 마지막에 나까지 부탁하고 눈물을 머금으며 조용히 눈을 감았다. 잠을 자는 것 같았다. 그때 큰오빠 내외분이 오셨다. 큰아들은 뛰어가서 가신 목사님을 다시 모셔오고 예배를 드린 후 남편은 평안한 모습으로 하늘나라로 소천 했다.

이른 나이에 아직도 할 일이 많은데 그는 그렇게 떠나갔다. 생전에 좋은 남편 좋은 아버지 가족을 사랑하는 마음이 남달랐다. 마지막 떠나는 그 순간도 그렇게 가족을 못 잊어라 하며 애절한 유언을 남기고 떠나갔다. 우리 가족은 말할 것도 없고 온 동네가 모두 통곡 속에 빠졌었다. 하늘이 무너진 것 같았다.

두 아들은 까만 교복에 팔에는 삼베 완장을 두르고 식음을 전폐하고 그 많은 조문객을 맞이했었다. 두 아들이 애통해하는 것을 보는 조문객들이 모두 함께 울었다. 철없는 어린 딸이 아버지를 부르며 우는 그 모습은 한층 더 마음을 아프게 했었다. 영천교회에서 이원배 목사님의 주례로 고별예배를 드리고 고촌 장지로 떠나갔다. 마지막 하관시에는 모두의 통곡소리가 하늘에 사무쳤다. 마지막 가는 길이 그렇게 쉬울 줄이야, 인생의 허무함을 느꼈다. 나무와 사람은 누웠을 때 그 가치를 안다고 했다.

모든 사람들이 이구동성으로 그 사람은 좋은 사람이었다, 너무 아깝다. 인생을 값있게 살았다고 칭찬을 했다. 그의 일생에 마지막 종지부를 찍는 날 칭찬을 받는 것은 위로가 될법했지만 나는 왠지 모르게 더 슬퍼졌다. 그의 빈 자리는 하늘처럼 넓었다. 시간이 갈수록 아이들은 아버지를 그리워하며 모두 아픈 마음을 억제하지 못했다.

2004년 5호선 전철역에서

오랜만에 고국 나들이였다. 칠십 넘은 나이에도 벗들을 만난다는 설레임 속에 지난해 11월 10일 워싱턴을 떠나 다음날 11월 11일 그리던 고국 땅을 밟았다. 나는 교통이 좋은 김포공항 근처 한 오피스텔에 여정을 풀었다. 내가 왔다는 소식을 들은 벗들은 기자촌에서, 도봉동에서, 서울 여기저기에서 달려 왔다.

아예 집에 담가 두었던 곰삭은 배추김치, 총각김치, 심지어는 땀 흘려 농사지은 배추 겉절이, 거기다가 조개젓도 맛있게 무쳐 오고 햇과일 등 갖은 정성을 싸들고들 왔다. 나는 전기밥솥에 쌀밥을 짓고 콩나물국에 풋고추절임, 무말랭이장아찌, 북어찜 등 밑반찬을 방바닥에 종이를 깔고 우정이 듬뿍 담긴 음식을 차려놓고 도란도란 둘러앉아 먹으면서 어떤 말을 먼저 해야 할지 주름진 눈가에 기쁨의 눈물들이 반짝이고 금세 옛날로 돌아갔다.

입에 들어가는 것보다 입에서 나오는 추억거리에 파묻혀 그동안 쌓인 회포를 푸느라 여념이 없었다. 그래도 우리 모두는 고난과 역경 속에서도 아들딸을 번듯하게 키워놓고 손자 손녀들의 아름다운 꽃밭 울타리 안에서 효도 받으며 즐겁고 기쁜 생활을 하고 있음이 하나님의 축복으로 감사를 드렸다.

그 옛날 각시풀 따서 족두리 만들어 씌우고, 신랑신부 소꿉 살던 동심으로 돌아가서, 추억의 그림들을 들추어 희비의 진한 정을 버무리며 박장대소하며 시간 가는 줄 몰랐다. 어느새 저녁 7시가 지났다.

우리는 저녁을 먹으려고 근처의 자그마한 식당에 들어갔다. 작은 식탁에 7명이 둘러앉았다. 좀 색다른 이름의 옛날 잔치국수를 시켰다. 뜨거운 국물에 국수를 말고 거기에 녹두부침 썰어 넣고 또 콩나물, 호박나물 등 양념 섞어 맛깔스럽게 나왔다. 신랑신부 없는 잔치국수를 먹으면서 옛날 우리들의 시집가던 날 잔치국수 맛을 상상해보며 향수에 젖은 수다 때문에 영순이 콧물이 내 국수에, 내 콧물이 섭녀의 국수 속에 떨어져, 미원을 대신 했는지 모를 정도였다.

어쨌든 국수 맛보다 국수 속의 사연들이 더 맛이 있었던 것 같다. 허물없이 키워온 우정 속에 울고 웃던 옛이야기 추억 속에 간직하고 작은 식당문을 나왔다.

밤하늘에 별빛은 아름답게 쏟아지고 있었다. 거리에 오가는 바쁜 걸음들이 북적이고, 가로등 밑에 군고구마 장수 리어카에 일렁이는 호롱불이 벗들과의 슬픈 이별을 위로해 주었다. 이별은 정말 슬픈 것이다. 만나는 기쁨이 어느새 무거운 침묵으로 변하고 이제 또 이별의 시간이 기다리는 숙명의 설움 앞에 서야 했다.

그날 밤 마지막 울적한 마음에 이끌려 5호선 전철 앞에 섰다. 상행선 전철이 기적을 울리며 평행선 레일 위를 미끄러져 온다. 순간 벗들과의 우정이 솟구치며 손과 손을 꼭 잡았다. 이제 정말 이별을 고해야 한다. 벗들이여 또 언제 다시 만나보랴……. 고목처럼 노쇠 하는 노구에 내일을 모르는 인생살이……. 그래도 우리는 다시 꼭 만나야 한다.

5호선 전철은 사랑하는 벗들을 싣고 우렁차게 기적을 울리면서 모습을 감춘다. 나는 벗들을 싣고 간 전철의 뒤꽁무니를 바라보며 넋잃은 사람처럼 짧은 시간의 만남을 아쉬워하며… 우리 모두 하늘나라 소망을 안고 주님 은혜 가운데 편안하기를 기도했다.

오두산 통일전망대

2011년 7월에 나는 작은아들 가족과 함께 고국 나들이를 했다. 고국에 나갈 때마다 늘 새로운 감동을 받는다. 고국의 산야가 늘 새롭게 느껴지고 고국의 발전상이 눈에 띄게 달라지는 것을 보며 고국이 자랑스럽고 믿음직스럽다. 이번에도 고국의 유명 관광지를 돌아보며 좋은 구경을 많이 했다.

그 중에 오두산 통일전망대 관광이 인상 깊게 내 가슴에 자리하고 있다. 파주에 있는 오두산 통일전망대는 우리가 살고 있는 서울 김포공항 방화동 근처에서 1시간 반 정도의 거리에 위치한다. 옛날에는 비포장도로라 차들이 먼지를 뒤집어쓰고 달리던 좁은 국도가 눈부시게 발전한 경제의 위력으로 탁 트인 아스팔트 6차선 고속도로로 바뀌어 있었다. 통일전망대에 이르는 경관은 아름답기 그지없었다. 상류에서 흘러내리는 한강을 끼고 신록의 녹음방초를 헤치며 코발트색 아스팔트를 달리는 차창 밖의 농촌 풍경은 여간 아름답지가 않았다.

더욱이 싱싱하게 자라고 있는 벼포기들은 올해의 풍년을 미리 말해주는 것 같아서 흐뭇한 감정을 갖게 하며, 시야에 들어오는 모든 것들이 정말 격세지감을 느끼게 했다. 그러면서 한 가지 안타까웠던 것은 전망대 가는 동안 군데군데 군 경비초소 울타리를 감돌며 남아있는 녹슨 철조망이었다. 군인들이 초계하고 있는 모습이 여간 안쓰럽지 않았다.

통일전망대는 정확하게 말하면 경기도 파주시 탄현면 성동리 오두산 북한강 상류와 북쪽에서 흘러 내려오는 임진강의 합수지점인 해발 118m 고지에 세워져 있었다. 오두산 통일전망대는 6·25 남북전쟁의 슬픈 역사의 부산물이다. 세계에서 유일하게 남아있는 남북 분단의 비극적 아픔을 간직한, 냉전시대의 상징적 산물이기도 하다.

전란으로 피난을 온 1,000만 이산가족 가운데 아직도 현존하고 있는 800만 실향민들이 통일을 염원하여, 북한땅을 가장 근거리에서 바라볼 수 있는 이곳에 1992년 9월 8일 개관하게 되었다고 한다. 이곳 전망대가 개관된 후 2010년까지 무려 1,600만 명 이상의 내외국인이 이곳에 족적을 남기고 갔다고 한다.

1층 로비에 있는 기획전시장에는 6·25 전쟁 당시의 비참했던 상황들을 실감하도록 사진, 미술작품, 의류, 전리품 등은 전시하여 보는 사람들의 눈시울을 뜨겁게 했다. 6·25 전쟁의 참상, 울부짖는 피난 행렬, 피비린내 나는 그때의 비극을 볼 때 내 마음은 울컥 무너지는 듯했다.

6·25 전쟁이라는 동족상쟁의 비극을 체험하지 못한 아들 가족은 이곳에 전시된 풍부한 역사적 자료를 통하여 내가 100마디 말로 하는 것보다 더 나은 학습효과를 보았으리라고 생각했다.

2, 3, 4층에는 TV 화면을 통해서 당시 전쟁 상황을 실감 있게 볼 수 있도록 여러 나라 말로 영상물이 상영되고 있었다. 또 여러 곳에 설치된 망원경을 통해서 꿈에도 그리던 북한 땅을 눈물을 머금으면서 바라볼 수 있었다. 나도 망원경에 눈을 밀착하고 155마일 휴전선 철조망 너머 북한 땅을 바라보면서 비분의 마음을 억제할 수 없었다.

남과 북이 임진강을 사이에 두고 2km의 짧은 거리를 새들만이 넘나들 뿐, 고향을 지척에 두고도 못 가는 실향민들이 무정한 세월만 보내고 있다. 아, 통일은 언제 오려나?

관광은 대개 멋진 풍경이나 자랑스런 역사 유물을 돌아보는 경우가 많은데, 아직도 분단 조국을 가진 우리의 이번 여행은 그럴 수만은 없었다. 6·25 전쟁 같은 동족상쟁의 비극이 다시 우리 자손만대에 되풀이되지 않기를 간절히 기도드리면서, 오두산 통일전망대를 내려오는 내 발걸음은 결코 가볍지가 않았다.

고국 나들이

모처럼 온 가족이 고국 나들이를 했다. 오래 전부터 온 가족이 함께 고국에 다녀오려고 했으나 여의치 않았다. 그러던 중 우리가 살던 경기도 김포군 계양면 득실리가 인천직할시로 행정구역이 편입되면서 예전에 우리가 살던 터전과 남편이 근무하던 직장 관사 등, 오래 때묻은 환경들이 개발로 철거 된다고 해서 고국 나들이를 결정했다. 2011년 6월 30일 작은아들 가족 5명과 나를 포함한 6명이 워싱턴 덜레스공항에서 대한항공 여객기에 탑승했다. 우리는 이역만리 하늘길을 오르내릴 것을 생각하니 기쁨과 설레임이 반복하여 하나님의 은총이 함께 해주시기를 기도드렸다. 한 가족이 함께 하는 고국 나들이는 즐겁고 설렘과 기대가 넘쳤다.

더욱 초, 중, 고등학교에 재학 중인 손녀 손자들은 고국이 초행길이었다. 한창 호기심이 강한 아이들에게 모국의 문화와 역사는 미지의 세계요 관심의 대상이었다.

육중한 여객기가 400명의 승객을 태우고 지축을 흔들며 이륙하여 잠시 후 구름 위에 오르니 성냥갑 같이 작은 건물들이 멀어지며 산야 아무것도 보이지 않았다. 우리 가족은 400명이 탑승한 여객기 한복판에 나란히 앉아 영화도 보고 게임도 하면서 가도가도 끝없는 높은 하늘을 비행하면서, 아 고향을 너무 멀리 떠나 왔구나, 서글픈 생각도 들었다. 그러나 승무원들의 따뜻하고 친절한 배려에 지루한 줄도 모르고 하늘에서 1박 2일 지새우고 장장 14시간 비행 끝에 동경하던 고국의 인천국제공항에 도착했다. 비행기에서 내려 개찰구에 나오니 마중나온 여동생의 식구와 아들 친구가 먼저 우리를 알아보고 손을 흔들면서 반갑게 환영했다. 두 대의 승용차에 분승하여 공항을 빠져나오는데 탁 트인 전경이 눈부신 고국의 발전상을 한눈에 볼 수 있게 했다. 조카의 안내로 김포공항 인근 방화동에 이름 있는 칼국수집에서 저녁을 먹었다. 삼겹살, 들깨칼국수가 정말 진미였다.

우리는 숙소를 따로 정했다. 나는 동생집에, 아들 가족은 건너편 오피스텔에 여장을 풀었다. 다음날 아들 가족은 서울 관광을 나간 뒤 영등포 언니와 일산 조카딸이 와서 반갑게 상봉하고 시간가는 줄 모르고 회포를 풀었다. 그 다음날 내 어린시절 소꿉친구가 다섯 명 기자촌, 도봉동, 안산, 방화동에서 달려왔다. 만났을 때 그 광경을 비디오로 못 찍은 것이 후회가 날 정도다. 머리는 염색을 해서 검지만 몸은 노을 진 들녘에 섰다. 지팡이를 의지하고 온 친구들을 음식점으로 안내했다. 우리는 오리 요리로 즐거운 식사를 끝내고 오피스텔에 왔다. 곰삭은 오이지를 가져오고 시원한 수박을 사와서 더위를 식히고 밀린 회포를 풀기 시작하자마자 기운이 딸려서 모두 눕는다. 먼저 서글픈 생각이 들었다. 무정한 세월이 덧없이 흘러 80에 굽은 허리 벗들은 지팡이를 의지하고 5호선 전철역에서 눈물을 흘리며 우리 또 만나자며 전철 뒤꽁무니가 보이지 않을 때까지 섰다가 돌아와 오피스텔에서 나는 펑펑 울었다.

그리고 또 다음날 큰댁 조카들, 작은댁 가족들 37명과 7월 9일 김포공항 안에 있는 스카이온 뷔페에서 거의 30년 만에 상봉을 했다. 10년이면 강산이 변한다고 했는데 모두 몰라볼 정도로 너무 많이 변해 있었다. 우리는 옛 이야기를 나누며 점심을 먹으면서 가족의 깊은 정을 버무려 축제의 시간이었다. 대식구가 촘촘히 사이사이에 어깨를 나란히 기념촬영을 하고 못내 아쉬운 석별을 고하면서 각자 돌아갔다. 또 언제 다시 만날지 예측 할 수 없는 일.

다음날은 주일이어서 남편이 생전에 섬기던 영천교회에서 예배를 드렸다. 떠나온지 오래되어서 목사님도 낯설고 옛 성도님도 거의 다 떠나시고 허영희 권사님과 이순부 선생님이 그래도 아직 계셔서 너무너무 따뜻한 환영을 받았다. 영천교회는 우리 가족과 특별한 인연이 있다. 두 아들이 초등학교 때, 딸은 백일 때 아버지가 이곳 직장으로 보직을 받고 우리 가족이 이사하여 살다가 떠난 곳이기 때문이다. 그 작은아들이 성가하여 아내와 세 아이들을 데리고 왔으니 실로 세월의 흐름을 느끼게 했고 우리의 만남이 더욱 뜻 깊은 만남이었다. 우리는 영천교회에서 예배를 마치고, 남편이 근무하던 직장으로 발길을 돌렸다. 우리가 살던 관사 화단에는 남편이 좋아하던 나팔꽃과 들깨꽃이 아름답게 피어서 반갑게 환영해 주니 격세지감을 실감하며 눈시울을 적셨다. 또 직장에는 모두 낯모르는 사람뿐이고 남편 생전에 추억들이 떠올라 나는 허탈감에 빠졌었다.

거기에서 가족이 기념촬영을 하고 자리를 떴다. 울적한 마음을 달래보려고 삼남매의 고향인 홍두평으로 달려갔다. 삼남매의 고향은 완전히 변해서 찾을 수가 없었고 홍두평 마을이라고 쓴 이정표를 발견했다. 우리는 고향을 찾은 기쁨으로 '아! 홍두평 마을' 모두 환호성을 쳤다. 그러나 남편이 근무하던 직장도 우리가 살던 관사도 간 곳 없고 삼남매가 뛰어놀던 고향의 푸른 잔디도 흔적 없고 한강물만 말없이 흘러가고 있었다.

삼남매의 고향인 홍두평 마을은 인심 좋고 물 좋은 섬마을, 봄이면 밭가는 황소의 워낭소리 딸랑딸랑, 나물 캐는 댕기머리 아가씨 사랑 노래, 나도 함께 부르며 달래 캐서 된장찌개 끓이고, 민들레, 냉이나물 무쳐 저녁상 차리고 우리 가족 다섯 식구 알콩달콩 행복했었다.

이렇게 낭만적인 섬마을 홍두평이 김포시로 편입이 되면서 직장도, 관사도 다 철거되고 강둑을 넓혀 4차선 고속도로가 뚫리고 아래 자락에는 2차선 도로가 생겨서 온통 차량의 물결이 바다를 이루었다. 그리고 희로애락을 함께하던 이웃들도 다 떠나고 임시 건물들만 우뚝우뚝 서 있었다.

장맛비는 그칠줄 모르고 쏟아지는데 우산 속에 얼굴들은 비통한 모습으로 갈바를 알지 못했다. 마지막으로 우리 가족은 이정표 앞에 섰다. 비둘기가 이정표 어깨 위에 앉아서 평안한 마음으로 기념촬영을 마치고 허전한 마음으로 추적추적 내리는 장맛비 속을 달려 개화산으로 올라갔다. 홍두평으로 흘러가는 한강물을 다시 한 번 또 내려다보며 아빠의 고향을 찾아갔다가 아무런 의미 없이 돌아온 손자 손녀들을 위로하기 위함이었다.

7월 11일은 여동생의 칠순 생일이었다. 마침 우리가 이곳에 있는 동안에 동생의 칠순 생일을 맞이할 수 있어 여간 다행한 일이 아니었다. 김포공항 안에 있는 스카이온 뷔페에서 일가친척들과 교회 목사님들과 교우님 등 많은 축하객들이 함께 자리하여 이재욱 담임목사님의 주례로 고희기념예배를 드렸다. 이 자리에 젊은 조카사위 두 사람이 함께 하지 못한 것이 마음이 너무 아팠다. 그립던 형제들을 만나보고 동생의 칠순 생일은 성황리에 잘 치뤘다.

다음날 7월 12일에는 부평중앙감리교회 이원배 목사님을 방문했다. 이원배 목사님은 이경순 사모님과 결혼하시고 바로 우리 영천감리교회에 오셔서 궂은일 진일을 머슴처럼 다 하시고 진심으로 성도들을 사랑하시었다. 비가 줄줄 새는 낡은 교회당을 허물고 붉은 벽돌로 새로 건축하고 기쁨으로 헌당의 영광을 하나님께 올리고 교회를 크게 부흥시키셨다. 부평으로 떠나셔서 5층 건물로 대형 교회를 건축하시고 헌신적으로 목회하시는 목사님 내외분 정말 존경합니다. 그날 주신 점심 청국장, 비지찌개가 아주 일미였다.

그리고 갈 때마다 후하게 베풀어 주신 사랑 어떻게 갚을지…….

7월 13일은 광명교회를 방문하려고 했었는데 갑자기 조카가 와서 경기도 파주에 있는 북한 인민군들이 몰래 파놓은 지하 땅굴을 관광하려고 갔는데 그날따라 승강기가 고장이 나서 구경을 못하고 통일전망대에 들러서 휴전선 너머 북한땅을 바라보며 남북분쟁의 60년 산하를 서글픈 마음으로 바라보고 돌아왔다.

7월 14일 일정에 쫓겨 결국 우리가 떠나온 광명교회와 목사님을 찾아뵙지 못해서 미안하고 섭섭한 마음으로 공항에 나왔는데 비까지 추적추적, 마음이 안쓰러웠다. 그런데 이정규 목사님 내외분이 공항에 나오셨다. 반갑고 고마운 마음이 앞섰지만 무슨 말을 어떻게 해야 할지 죄송함을 금할 길이 없었다. 짧은 시간에 무슨 말을 먼저 해야할지 목이 메었다. 목사님께서 떠나오는 우리에게 광명교회 로고가 새겨진 만년필을 선물로 주셨다.

광명교회는 내가 사랑의 빚을 너무 많이 진 교회다. 목사님 내외분 언제 다시 만날지 짧은 만남을 아쉬워하며 목사님 내외분, 전송 나온 친척들의 환송을 받으며 섭섭한 마음을 안고 개찰구를 빠져나왔다. 우리 가족은 다시 대한한공여객기에 탑승했다. 고국에서의 일정을 돌아보니 아쉬운 것이 많았다. 그중에 부천에 새부천교회 한재봉 목사님 내외분을 못 뵙고 오는 것이 너무 많이 죄송했다. 한재봉 목사님은 나의 큰아들 학생 때부터 아들처럼 동생처럼 키워주시고 기도로 오늘까지 도와주신 분이시다. 그 은혜가 태산 같다.

두 주간의 고국 나들이가 많은 추억을 만들고 무사히 돌아올 수 있도록 도와주신 하나님께 감사를 드렸다.

미국 시민권

나는 1982년도에 작은아들과 막내 딸아이를 데리고 미국으로 이민을 왔다.

13년을 사는 동안 미국은 여전히 낯설고, 오래 떨어져 있는 곳이지만 고향은 세월이 갈수록 그리웠다. 나는 국적을 포기하고 미국 시민권을 취득할 생각은 없었다.

그런데 그 당시 큰아들이 파라과이 수도인 아순시온에서 한인 목회를 하고 있을 때 가려고 하니 두 아이는 시민권자고, 영주권자인 나는 비자를 받아야 했다. 큰아들이 새 성전을 건축하고 1989년 6월 18일 봉헌식이 있어서 가족이 가려고 비자 신청을 하고 필요한 서류도 완벽하게 해 보냈다. 그때 당시 파라과이 영사가 뉴욕 맨해튼에 있었다. 왜 비자를 안보내주냐고 문의하면 걱정말라고 너희 엄마는, 아무 하자가 없어서 곧 될 거라고 하면서 비자는 보내주지 않았다. 매일 전화를 하면 똑같은 대답이었다. 결국 출발하는 날 뉴저지에 사는 조카가 영사한테 가서 비자를 받아가지고 뉴욕 케네디공항으로 오고 우리는 워싱턴 내셔널공항에서 비행기를 타고 뉴욕 케네디공항에 내려서 그 비자를 받아가지고 파라과이에 갔다.

이렇게 어려운 고비를 겪다가 1995년 12월 5일 시민권 신청을 하고 200개가 넘는 영어로 된 예상문제와 답을 모두 암기하였다. 그때 아들이 뉴욕 코넬의대에서 일반내과 과정을 마치고 또 소화기내과 과정을 하려고 미시간대학병원으로 가게 되어서 미시간으로 이사를 했다. 이사한지 한 달 만인 1996년 7월 2일 인터뷰를 하라고 통지가 왔다. 나는 비행기편으로 뉴욕으로 가서 우드싸이드에 사는 여동생과 롱아일랜드 시험장으로 갔다. 오전 7시 내가 첫 번째 면접이었다. 먼저 선서를 마치고 많은 문제들을 차근차근 인터뷰 했다고 생각했는데 시험관이 영주권 카드를 돌려주면서, “원머타임 히얼 암쏘리 원머타임 히얼” 하고 자리를 뜨는 것이다. 8월 2일 한 번 더 오라는 것이다. 나는 그 순간 앞이 캄캄했다. 내 일생 두 번째 패배의 쓴 잔을 마셨다. 운전면허 받을 때하고 미시간에서 비행기를 타고 일부러 왔는데 그리고 며느리가 손녀를 재워놓고 매일 밤늦게까지 가르쳐 주었는데 어쩌면 좋아. 가족들에게 면목은 없지만 다시 미시간으로 돌아왔다. 7개월 동안 배운 것들이 밤마다 영화의 필름처럼 나를 번뇌케 했다. 8월 2일 또 가야 하나, 포기해야 하나, 어떻게 해야 좋을지 아들딸에게 물었다. 딸은 “이번에 가서 또 안 되면 엄마의 실망은 더 클 것이니 좀 기다렸다가 몇 년 후에 한국말로 보는 것이 어떠냐.”고 했다. 아들은

"비행기 요금 200불 들여서 여행 한 번 다녀온 셈치고 다녀오세요, 안되면 어때요, 엄마." 했다. 나는 아들 말에 힘을 얻고 다시 시작하고 우여곡절 끝에 8월 2일 뉴욕 롱아일랜드에서 시민권을 취득했다.

나는 미국의 시민으로 나라에서 혜택도 받고, 권리 행사도 하면서 살고 있다. 그러나 나는 두 발을 딛고 사는 땅, 미국의 아름다운 정취에 심취하며 때로는 저편 고국의 행적과 추억이 그림자처럼 떠오르기도 한다. 나는 이 양국 사이를 오가며 평안하고 즐겁게 살고 있다.

미국 이민

나는 남편과 사별한지 6년 만인 1982년에 두 아이를 데리고 미국으로 이민을 왔다. 남편이 세상을 떠난 후 우리 남은 네 식구는 경기도 광명시에 있는 동생의 땅을 빌려 남편이 30년의 직장생활을 하여 받은 퇴직금으로 상가주택을 짓고 이사를 하였다. 거기에서 조카사위의 도움으로 생전 문앞에 가보지도 못했던 세탁소를 하게 되었다. 아이들이 학교에서 돌아오면 도와주고 조카사위의 도움을 많이 받았지만 사회경험이 전혀 없던 내가 생전 해보지도 않던 일을 하는 것은 보통 어려운 일이 아니었다. 그러던 중 작은 아들은 몸이 아파서 고등학교를 휴학을 하게 되었고 경험 없이 하던 세탁소도 잘 안 되어서 문을 닫게 되었다. 그때에 미국에 취업이민으로 와서 살고 있던 남동생이 우리의 사정을 딱하게 여기고 우리 가족이 미국으로 이민을 올 수 있게 초청을 하였다. 그래서 이민 수속을 하느라 4년을 기다린 끝에 1982년 4월 11일 부활절 주일날, 오십을 바로 눈앞에 둔 나이에 모국을 떠나 이역만리 미국으로 이민을 오게 되었다. 그 당시 경제적으로 어려웠고 한국의 부동산 경기가 최악의 상황이어서 집을 팔지도 못하고 비행기 표도 친척에게 돈을 빌려서 사서 단돈 700달러를 가지고 미국에 왔다.

남편의 빈 자리를 대신할 큰아들은 미국 나이로 스물한 살이 넘고 결혼을 해서 같이 못오고, 작은아들과 막내딸 아이만 데리고 왔다. 처음에 와서 동생집에 묶을 때에 동생이 우리 남매를 고등학교에 데리고 갔는데, 아들아이는 미국에 오자마자 스물한 살이 되어서 안받아주고, 딸아이는 고등학교에 편입이 되었다. 한국에서 아들은 몸이 아파서 학교를 휴학을 하고 4년을 기다리다 와서 나이가 지났는데 성인들을 위한 고등학교 프로그램도 있었지만 여러가지 형편상 학교를 다니는 것은 힘들 것 같아서 못 다녔다.

그 당시 나는 앞이 캄캄해지면서, 하나님 살려주세요. 얘 때문에 미국 왔는데 어쩌면 좋아요? 나는 눈물이 아닌 핏물이 나왔다. 아들의 오색 무지개의 꿈은 산산조각이 난것 같았다. 어느 날 내가 막 흐느껴 우니까 "울지 마세요. 엄마 혼자 하면 돼요. 할 수 있어요."

나는 두 아이의 귀가 닳도록 우리는 이 세상에서 제일 높은 하나님의 백이 있지 않니 하고 늘 위로했건만 아들의 "혼자 할 수 있어요."를 믿을 수가 없었다. 내 나라도 아니고 미국인데 하나님은 믿어도 아들의 말은 믿기지가 않았다.

아들은 몸이 아픈 후에 의사가 되기를 원했는데 미국에 와서 의사가 되겠다는 아들의 큰 꿈을 이룬다는 것은 상상조차 할 수 없는 아주 힘든 일이었다. 아들은 밤잠을 못이루고 어떻게 하면 공부를 할 수 있을까? 군대를 가면 공부할 수 있는 길이 있다는데, 육군이냐? 공군이냐? 팔방으로 고민한 끝에 독학을 하고 검정고시를 보겠다는 결심을 하게 되었다.

동생집에서 40일 만에 아파트로 나와 독립을 했다. 먼저 식생활이 해결 돼야 했다.

아들은 워싱턴 DC 미국인 아이스크림 가게에서 풀타임으로 일하게 되었다. 고객들과 의사소통도 그런대로 잘 하고 일을 열심히 잘 해주어서 주인에게 신임을 받고 주급도 후하게 받았으나, 하루 12시간 일을 하다 보니 공부할 시간이 없었다.

어느 날 같은 교회를 섬기는 곽광숙 권사님이 직장을 좀 옮겨보라고 하시며 초등학교 청소하는 일 애플리케이션을 구해다 주셨다. 곽 권사님은 우리가 차가 없어서 교회에 나가지 못할 때 차편도 제공해 주시고 우리 아이들을 동생과 같이 많이 도와주신 분이시다. 가게 주인은 놓치기 아깝지만 한 청년의 장래를 위해서 보내준다고 하며 추천서를 잘 써주었다. 그래서인지 학교에서 빨리 오라고 통지가 왔다. 청소하는 일이 말 상대는 없지만 쉬는 시간에 공부할 시간은 있었다.

딸아이는 작은오빠 때문에 얼떨결에 미국 왔는데 그래도 저 나름대로 열심히 하고 주말이면, 아르바이트를 했다. 세 식구가 마음을 합하고 안정을 찾았다. 아들은 풀타임으로 일을 하면서 공부를 한다는 것은 쉬운 일이 아니었다. 그러나 틈틈이 준비해서 검정고시 시험에 합격했다. 아들의 아득한 미래에 실마리가 보였다. 우리 가족은 너무너무 기뻐했다. 이제는 대학교에 갈 수 있는 길이 열렸다고 열심히 준비하고 SAT에서 높은 점수를 받고, 여러 학교에서 합격통지서가 왔다. 그 중에서 시카고대학을 택했다.

딸아이는 같은 해에 대학을 가게 되었는데 엄마가 어떻게 두 아이의 뒷바라지를 하겠냐며 대학을 포기하고 오빠를 돕겠다고 주춤거리는 것을 보고 야단을 쳤다. 오빠가 의사가 돼도 네 인생 책임져주지 못한다. 그러니 네 인생은 네가 개척해야 한다고 했더니, 집에서 통학할 수 있는 학교에 다니면서 주말이면 아르바이트를 하고, 생활비도 보태고, 오빠 용돈도 가끔 보내 주었다.

이렇게 두 아이는 공부를 해야 하고 가장의 자리는 내 몫이었다. 그러나 내가 직장을 가질 수 있는 자격은 전혀 없었다. 언어의 장벽은 말할 것도 없고 동서남북을 구별 못할 때 나는 직업전선에 뛰어들었다. 일이 힘들고 맘에 안들어도 선택의 여지가 없었다. 힘들고 지칠 때마다 아이들을 바라보았다. 용기를 잃지 않고 열심히 노력하는 것을 보면 나도 저절로 힘이 솟았다. 그래도 눈보라치는 겨울이 되어 내가 일을 못하게 되면 아이들이 학교를 중단하게 될까봐 내 마음은 초조해졌다. 더욱이 삶의 양식이 다르고 언어조차 불통인 이민생활은 답답하고 암울하고, 말로 형용할 수 없이 힘든 일이었다. 그랬어도 내게는 감사함이 늘 마음속에 충만했다. 일찍이 하나님에 대한 신앙이 나를 힘차게 지탱할 수 있는 용기와 지혜를 주셨다. 하면 된다는 확신과 믿음으로 아무리 어려운 일도 감당할 수 있었다. 주중에는 미국 직장에서, 주말이면 한국 그로서리에서 일하고, 쌀과 여러 가지 부식물을 자동차에 가득 싣고 집에 와서 내려놓을 때는 아, 내 인생 이렇게 바뀔 줄이야 저절로 감사의 탄성이 터져 나왔다.

모두 열심히 살다 보니 뒤돌아볼 시간도 없이 4년이란 세월이 흘러서 아이들은 대학을 졸업했다. 아들은 의과대학 여러 곳에 원서를 넣었더니 여러 학교에서 합격통지서가 왔다. 그 중에서 뉴욕 코넬 의과대학을 택했다. 합격은 했으나 등록금이 문제였다. 그러던 어느 날 학교에서 편지가 왔다. 아들에게 4년 동안 등록금 전액 장학금을 준다는 것이었다. 우리 학교에 꼭 오라는 편지다. 우리 세 식구는 얼싸안고 기뻐하였다. 때를 따라 도우시는 주님의 은혜로 뉴욕 코넬 의과대학교에 아들은 가게 되었다.

딸은 대학교 졸업을 하자마자 전자공학 박사학위를 취득한 좋은 신랑이 있어서 시집을 보냈다. 딸은 주중에는 학교로, 주말에는 일터로 하루도 쉬지 않고 장거리 운전을 하면서 나를 많이 도와주었다. 나는 오른팔이 떨어진 것처럼 아쉽고 허전했다. 딸의 역할이 얼마나 컸었는지 새삼 실감했다.

그때 나는 1990년에 뉴욕에서 공부하는 아들 곁으로 이사를 했다. 뉴욕 브롱스 베델교회 박순종 목사님 사모님이 브로드웨이 교인 가정에 룸메이트로 소개해 주셨다. 룸메이트인 김미영 집사님과 함께 생활하면서 일자리 찾기에 골몰했다. 조선일보, 한국일보 광고면을 닳도록 읽었다. 김 집사님은 나와 같이 사는 동안 방세도 싸게 받고 일자리를 찾는 것부터 여러모로 많은 도움을 주신 너무나 고마우신 사랑의 은인이시다. 처음 일자리를 찾아간 곳이 뉴욕 롱아일랜드였다. 주인 첫 마디가 "아주머니 체구를 보니 우리 집 일을 하실 것 같지 않네요"다. 집은 큰 단독주택이었고 남편은 아침에도 밥을 먹어야 하고 점심 도시락을 매일 싸야 하고, 아들 삼형제가 있는데 막내는 스쿨버스를 태워주고 올 때도 데려와야 하고, 집 청소, 빨래까지 집안일을 도맡아 해야 한다고 했다. 나는 어렵게 얻은 일자리 얻은 것만 감사해서 무조건 다 할 수 있다고 자신 있게 대답을 했다. 뉴욕 브롱스에서 롱아일랜드까지는 두 시간이 걸리기 때문에 출퇴근은 불가능했다. 그래서 주중에는 그 집에 묵으며 일을 하고 주말에는 브롱스로 돌아왔다. 주일 저녁에는 다시 롱아일랜드로 돌아갔다. 브롱스에서 롱아일랜드까지 가기 위해서는 전철을 타고 가다가 기차로 갈아타야 했는데 중간에는 2개의 큰 정거장과 여러 개의 간이역이 있었다. 아들에게는 집안일은 안하고 베이비시터만 한다고 속였다. 첫 번째 한 주는 너무너무 힘이 들었다. 집에 와서 긴장이 풀리니 전신이 모두 두들겨 맞은 것처럼 아파서 밤을 뜬눈으로 새웠다. 그때 나는 주인에게 할 수 있다고 자신 있게 말했던 것을 후회했다. 그러나 다시 용기를 가질 수 있었던 것은 고난과 역경을 딛고 거기까지 온 아들을 바라보는 것이었다. 그때 아들은 의대 3학년이었고 1년만 있으면 졸업을 하니까 그 순간 참아야지, 조금만 더 참자, 두 주먹을 불끈 쥐고 나니 매일 반복되는 그 일이 수월해졌다. 주말이면 아들과 함께 교회도 가고 한국 음식 한 번 해주는 것이 유일한 낙이었다.

처음에는 아들이 함께 열차를 타고 나의 목적지인 싸야셋 간이역에 내려서 내가 마중 나온 주인을 만나는 것을 보고, 다시 기숙사로 돌아오곤 했다. 그런데 어느 날 상행선 하행선이 동시에 스톱을 할 경우, 내가 주인을 만나는 것을 못보고 돌아가게 되면 아들의 마음은 무척 불안했다. 더욱이 늦은 밤 막차이기 때문이다. 이렇게 아들을 힘들게 할 때가 많았다.

어느 날 열차를 타고 롱아일랜드로 가는데, 비는 억수같이 퍼붓고 창밖은 칠흑같은 절벽이고, 그날따라 안내방송도 없었다. 내가 어디쯤 가고 있는지 불안해서 안절부절못하는 것을 보고 있던, 뒷좌석의 청년이 어디를 가냐고 물었다. 싸야셋 했더니, 내가 가르쳐 줄 테니 안심하고 앉아 있으라고 했다. 얼마쯤 가다가 그 청년이 내리면서 다음 또 다음에 내리라고 가르쳐 주었다. 싸야셋 간이역에 내려 보니 주인이 보이지 않았다. 나는 너무너무 당황했다. 이 간이역 휴게소는 오후 7시면 문을 닫는다. 늦은 밤 비는 쏟아지고 인적도 끊어졌다. 그 시절 휴대폰이 있는 것도 아니고, 이제는 큰 일 났구나 하는 찰나에, 택시가 오는 것을 보고 혼신을 다해서 세웠다. 그 집에 도착하니 집 주인은 깜짝 놀랬다. 그 날은 내가 교회에서 뉴저지 기도원에 다녀와서 늦는다고 미리 전화를 했는데 그 집 아들이 받고 부모에게 전해주지 않았기 때문에 그들은 내가 항상 도착하는 시간에 역에 나왔다 내가 오지 않는 줄 알고 집으로 돌아갔던 것이다.

때로는 왜 나는 이렇게 살아야 하나 할 때도 있었고, 그 시절에는 새벽마다 멀리서 은은히 들려오는 기적소리가 왜 그리 서글프게 들렸는지. 그렇지만 나는 그 속에서 많은 것을 배웠다. 이렇게 어려운 환경 속에서도 아들딸은 용기를 잃지 않고 꿈을 이루었다.

아들은 코넬의대를 졸업한 후에 코넬대학병원에서 일반내과 레지던트를 마친 후에 미시간대학병원에서 소화기내과 전문의 과정을 마치고 소화기내과 전문의가 되었다. 그리고 펜실베니아 주립대 의대 교수로 일 년간 일한 후 버지니아로 이사 와서 페어팩스(Fairfax)에 있는 소화기내과 전문병원에서 일하고 있다.

나와 같이 미국에 오지 못하고 한국에 남았던 큰아들은 신학교를 졸업하고 감리교 목사가 되어서 잠시 목회를 하다가 남미의 파라과이 선교사로 파송을 받게 되었다. 우리가 펜실베니아에 살 때 파라과이에서 13년 동안 목회를 하면서 병원도 짓고 학교도 세우고 많은 일을 했던 큰아들의 네 식구가 2000년도에 미국으로 이민을 왔다. 지금 큰아들 내외는 버지니아에서 한인교회 목회를 하면서 공부도 하고 있다. 미국에 들어올 당시 손녀 손자는 고등학교 때였다. 열심히 노력해서 고등학교 대학교를 졸업하고 손녀는 결혼하고 법대를 졸업하고 아들도 낳아서 경사가 겹쳤다. 나에게 손주사위와 증손주를 주신 것 너무너무 기뻐서 하나님께 감사를 드렸다.

이제는 나의 삼남매 가족이 자주 만날 수 있어서 아주 행복하다.

지금 나는 작은아들 집 근처에 있는 노인 아파트에서 여러 나라에서 온 사람들과 더불어 살고 있다. 특히 한인 이웃들과는 맛있는 음식도 나누어 먹고 기쁨과 설움도 함께 하며 지낸다. 미국 이민와서 방 한 칸이 없어서 펑펑 울던 그 시절도 아득한 옛 일이 되고 팔십에 굽은 허리 노을 앞에 서고 보니 서글픈 생각도 든다. 참새 꼬리보다 짧은 내 인생 그렇게 살았지만 어려운 순간순간마다 함께 하셨고 나의 삼남매 식솔들이 이 땅에 주인으로 떳떳하게 살게 해주신 하나님께 감사를 드릴 뿐이다.

이민생활 31년 세월을 뒤돌아보니 고마운 분들이 생각난다.

우리 가족을 미국으로 초청해 주고 물심양면으로 도와준 나의 남동생 가족에게도 마음 깊은 곳에서 감사를 드린다. 또 우리 가족 형제자매들의 기도로 물질로 도와준 것 감사하고 또 장민영씨 내외분께서 베풀어주신 사랑에도 감사를 드린다.

버지니아 장로교회, 워싱턴 한인교회, 버지니아 한인연합감리교회, 뉴욕 베델교회, 미시간 앤아버 감리교회 목사님들과 교우님들의 기도와 따뜻한 사랑의 빛도 잊을 수가 없다.

내 이웃과 모든 분들에게 하나님의 크신 축복이 함께 하시기를 빈다.

가장 여러분 용기를 가지세요

가장 여러분 용기를 가지세요. 전국적으로 경제난으로 허덕이는 이때, 가장들의 어깨가 더 한층 무거워 졌으리라고 믿어요. 더욱이 지출이 많은 미국 생활, 집 페이먼트, 자동차 할부금, 그리고 눈 깜짝할 동안에 다가오는 매달 유티리티, 식생활비, 자녀들의 교육비, 감당하기 힘드시지요? 게다가 건잡을 수 없는 물가상승, 어제가 옛날처럼 느껴지도록 깜짝깜짝 놀랄 정도니 말입니다.

언어가 잘 통하는 내 나라도 아니고, 실컷 울고 싶을 때도 있을 거예요? 하지만 가장 여러분 하늘이 무너져도, 솟아날 구멍이 있다고요. 울지 말고 하늘을 바라보세요. 하나님은 어려움을 딛고 일어설 수 있는 힘을 주시니까요. 두 손을 불끈 쥐고 조금만 참으세요.

"위기가 기회다!"라는 말이 있지요. 이럴 때일수록 더 힘내고, 인내로 난국을 극복하는 지혜가 있어야 한다고 생각해요. 가장 여러분 어깨를 활짝 펴고 힘내세요. 금방 아이들은 성장하고 머지않아 좋은 시기가 다가와 가족들 앞에 능력 있는 가장이 될 날이 곧 올 것입니다. 그때에는 가족들과 옛 이야기하면서, 웃으며 행복하게 사실 것입니다.

가장들이여, 가슴을 활짝 펴고, 용기를 가지세요. 새로운 비전을 품고, 힘차게 사세요. 하나님은 노력하는 자에게, 축복을 주십니다.

나도 옛날에 가장이었을 때, 힘이 들 때마다 속울음을 울었지요. 지금은 일선에서 물러나 뒷전에 앉아 손자 손녀들의 효도 받으면서 편안하게 살고 있습니다.

이 어려운 시기에, 가장 여러분에게 조금이나마 위로가 될까 해서 간단히 몇 자 적은 것이니 이해하시고, 용기를 가지세요. 좋은 날이 올 것입니다.

하얀 나라

2010년 새해 들어 두 번의 폭설로 온통 하얀 나라가 되어 아름다웠다. 모든 만물이 아주 두터운 목화솜 이불을 덮었다.

함박눈이 펑펑 쏟아지는 것을 볼 때 아이들은 기뻐서 환성을 지르며 방방 뛰었다. 또 이웃집 강아지도 덩달아 함께 뛰었다. 그 순간 가족을 부양해야 하는 가장들은 하늘을 우러러 탄식하며 속울음을 울었다.

80년 만의 큰 폭설로 지붕이 내려앉고 수도가 동파 되고 교통이 마비되며 관공서가 문을 닫고 미국의 수도인 워싱턴이 꽁꽁 얼어 심장이 멎었다.

티 없이 하얀 나라 전 세계의 뉴스매체가 되었다.

노부모가 숨을 거둔다 해도 자식들이 달려올 수 없다. 설상가상으로 정전으로 칠흑같은 캄캄한 나라, 보이지 않는 길을 헤매며 천당과 지옥을 오가는 경험을 했다.

하나님이 천지를 창조하실 때 제일 먼저 빛을 창조하셨다. 이번 폭설로 빛에 대해 감사함을 더더욱 절감했다. 누구의 탓이 아닌 천지 이변으로 된 일이라 우리 모두가 인내심을 키우고 가족이 사랑으로 뭉치고 이웃과도 협력해서 제설작업을 하면서 따뜻한 가슴으로 마음의 통로를 뚫었다.

일상의 고달픈 삶 속에 함께하는 시간이 부족해서 갈등이 많던 핵가족이 오붓하게 앉아 얼굴을 맞대고 밀린 회포를 풀며 평화가 회복되었다. 고국에서 먼 나라에서 아들딸 친지들의 안부 전화는 내일의 힘을 실어주었다. 과학문명이 발달한 이 시대에 무엇이든지 인간의 힘으로 할 수 있다고 생각했다. 하지만 이번 폭설, 하얀 나라는 분명 하나님의 작품이다.

생의 전쟁터에서 일순간도 쉬지 못하는 지친 영혼들을 불쌍히 여기시고 폭설을 내리셔서 우주 만물이 다 쉼을 얻었다. 이번 폭설로 잃은 것도 있지만 얻은 것이 더 많다. 그런 뜻에서 나는 진심으로 하나님께 감사를 드렸다.

실개천

세월이 덧없이 흘러 내가 이 노인 아파트로 이사 온지도 벌써 5년째다. 타이슨스 번화가에 있어서 메트로 버스가 아파트 현관 코앞까지 들어오고, 주위에 쇼핑몰들이 모여 있어 다른 아파트에 비해 교통이 편리하여 차 없이 지내는 노인들의 생활이 편리한 곳이다.

더욱이 아파트 뒤편 그리 높지 않은 산 속에는 노인들 걷기에 알맞는 등산코스가 있다. 나는 아침마다 거의 이 등산로를 거닐면서 아름다운 자연 속에 담긴 맑은 산소를 가슴 깊이 들이마시면서 건강한 하루의 생활을 즐기고 있다.

병풍처럼 둘러선 수목 사이를 양팔 너비의 산책길이 기름진 초록에 가르마 내고, 부지런한 멧새들 반겨 조잘대고, 파란 하늘 아래 우거진 나무 사이로 부챗살 햇빛이 쪼개지며, 등산로 가에 자잘한 이름 모를 산꽃들이 밤새 머금은 별 이슬을 토하며, 저쯤에서 뻐꾹새 뻐꾹뻐꾹 봄을 깨우는 평화한 길 가노라면, 졸졸졸…

실개천이 맑은 물소리 굴리면서 흘러간다.

실개천 바위틈에 밍크코트 입은 버들개지 밑에 송사리 떼 맴도는 물소리 듣노라면 어느덧 내 맘도 함께 고향의 봄 속으로 흘러간다.

유년의 봄 실개천 따라 연보라 진달래꽃 덮인 작은 초원 산 봉숭아 아래 진주빛 단발머리 옹기종기 둘러앉아, 진달래꽃 냉이꽃 노랑 민들레로 밥 짓고, 할미꽃 각씨풀로 족두리 씌워 호랑나비 모셔다가 신랑각시 잔치하고, 맑은 물에 발 담그고 풍덩풍덩 물장구치며 꿈 먹던 어린 시절 어제였는데…….

오늘도 노인 아파트 뒷산 등산길을 따라 걷는다. 산속에 햇빛도 청량한 아침 공기도 그리고 졸졸졸 흐르는 실개천의 맑은 물소리도 어제와 변함없건만, 날로 주름잡는 얼굴에 희끗희끗 배꽃 같은 흰머리가 더 숨 가쁘다. 그러나 변함없는 하나님의 사랑으로 오늘도 옛 추억을 밟으며 이 길을 걷는다.

주소를 알 수 없는 그대에게

아무도 오지 않는 우리 집
문풍지와 귀뚜라미만 웁니다
세상에 서로 헤어져 사는 사람이 많이 있지만
정녕 나를 아프게 하는 것은
이별이 아니라
그리움 입니다

오늘도 노을 속에 지는 해를 보며 펜을 들었습니다.

오랜만에 펜을 들고 보니 무슨 말을 먼저 해야 좋을지 모르겠군요.

우리 가족은 1982년도에 미국으로 이민을 왔어요.

큰아들 철기는 신학을 공부하고 하나님의 종 목회자가 되었어요.

결혼하고 남매가 장성하여 딸은 결혼하고, 법대를 공부하고 옥동자를 낳았어요. 너무 귀여워요. 아들은 대학교 졸업하고 직장에 다녀요. 그리고 손주사위도 대학교 졸업하고 직장에 다녀요. 김 목사

내외는 한인교회를 열심히 섬기고 있다오.

작은아들 병기는 의학을 공부하고 의사가 되어서 미국 종합병원에서 일하고 있고요.

결혼하고 삼남매를 낳아서 딸 아들은 고등학생이고요. 막내딸은 초등학교 다녀요.

딸 민영이는 대학교 졸업하고 결혼했어요. 사위는 전자공학 반도체 박사학위를 받고 미국 회사에서 일하고 있고요, 딸, 아들은 대학교 다니고 막내딸은 중학교 다녀요.

큰며느리, 작은며느리, 그리고 사위 또 손주사위, 증손주 모두 인물도 출중하고 마음씨 곱고 착해요. 그리고 여덟 명의 손자, 손녀, 또 증손자 효도 받으면서 눈물로 키운 행복 누리면서 하루하루 살아요. 덧없이 흘러간 긴 세월 회고해 보니 모두 다 하나님의 은혜요 축복이었습니다. 그리고 당신이 생전에 베푼 사랑의 열매라고 믿어요. 정말 감사해요. 정말 고마워요…….

할 말은 많아도 이만 줄입니다.

사랑하는 사람 보냅니다.

■ 발문

다양한 주제 시로 승화, 진솔한 삶 고백적 진술

박진환
(시인 · 문학박사)

1. 전제

먼저 은선 이순례님의 팔순기념문집 『시와 산문』에 대해 언급하게 됨을 기쁘게 생각합니다.

갖은 고난과 역경을 극복하시고 새로운 삶을 일구신 값진 노력과, 시와 산문 동행삼아 새로운 생을 출발시킨 문필에의 길에 보다 큰 영광과 축복 있으시길 기원합니다.

산수에 접어들면 하던 일도 접고, 접어 미루는 것이 인지상정인데 팔순의 고령에도 중단됨도, 지침도 없이 뚜벅뚜벅 발걸음을 옮기시는 흔들림 없는 행보에 박수를 보냅니다.

팔순기념문집 『시와 산문』에 수록된 50여 편의 시와 40여 편의 산문은 그간 펜으로 찍어오신 족적이거니와 다양하고 진솔한 글의 행간에는 감동을 체험하게 하는 문학적 향기가 배어 있어 감동의 깊이와 폭을 가늠하게 해주고 있습니다.

수록 작품들은 다음과 같은 몇 가지 주제를 설정해 보게 하는데 이 주제에의 접근이 이순례 님의 문학적 세계랄까, 특성이랄까를 조명해보는 평가역을 제공해 줄 것으로 여겨집니다.

첫째, 고향 · 추억 · 사랑 · 유년을 발상으로 한 사향보

둘째, 혈통의식과 인륜의식의 가족사

셋째, 힘겨웠던 이민의 생생한 고난사

넷째, 시니어의 행복한 삶

다섯째, 주님 사랑과 은혜에의 감사

이상의 다섯 가지 주제는 이순례 님의 문집『시와 산문』을 관류하고 있는 문학적 동맥으로 여겨지고 이에 대한 조명은 이순례 님의 문학적 특성이나 본질을 보다 극명히 해주는 평가역으로 제시될 수 있을 것으로 봅니다.

2. 주제별로 본 이순례 님의 문학

먼저 고향·추억·사랑·유년의 사향보는 시와 산문의 장르에 관계없이 이순례 문학의 가장 깊은 곳을 관류하고 있는 주류라고 여겨집니다.

은색 억새풀 길
한 뜸 한 뜸 사랑 엮을 때
한강물 침묵으로 뒤따라오고
풀벌레 숲속에 찌르르 정답게 웁니다

억새풀 서걱이는
홍두평 강둑에는
그대의 긴 발자국 아직 남아 있겠지

그대 떠난 빈 자리
홀로 걷는 이 마음에
아픈 추억만이
홍두평 강물과 함께 흘러갑니다

예시는 「홍두평의 강둑」 이란 시의 전문이거니와 여러 고향을 노래한 시편 중에서도 사향보의 중심에 놓을 수 있는 시라고 여겨집니다. 시의 제목인 홍두평은 주에 의하면 경기도 김포군 시우리에 있는 마을 이름이라고 풀이하고 있습니다.

시에 의하면 '억새풀 서걱이는/홍두평 강둑에는/그대의 긴 발자국 아직 남아 있겠지'라고 강둑에 나란히 발자국을 찍으며 걷던 추억을 떠올리게 하는 회상 공간으로서 '그대 떠난 빈 자리/홀로 걷는 이 마음에/아픈 추억만이/홍두평 강물과 함께 흘러갑니다'란

종연이 말해주듯이 추억과 사랑을 함께 환기시켜 주는 사향의식의 대표적 공간으로 제시되고 있는 듯이 보입니다.

물론 예시 외에도 많은 시편들이 고향 · 추억 · 사랑 · 유년을 노래하는 사향보의 본적지를 펼쳐주고 있습니다.

시편 말고도「고향 나들이」,「남편의 유언」,「바위 소나무」,「옛날 농촌 속회」등의 수필들은 시로써 다 형상화하지 못한 고향과 추억과 사랑과 유년을 펼쳐 보여주는 사향보의 산문들로 제시될 수 있을 것으로 봅니다.

다음으로 제시될 수 있는 것이 혈통의식과 인륜의식의 가족사쯤이 되지 않을까 싶습니다.

어머니는
고난의 시대에 사시면서
허기진 배를 움켜 안고
가슴에 많은 한도 맺히셨지만
속울음으로 삭히시던 어머니

머리카락 하나 흩어 진적 없이
단정하시고 고우셨던 어머니
그토록 위대하신 어머니 모습이

마치 아무도 보는 이 없이

피었다가 지는 지순한 들꽃처럼
그렇게 왔다가 가신 것만 같아
마음이 찢어집니다

그 무한 위대하신 어머니
모습과 사랑을 가슴에 담아
영원히 보듬고 싶습니다

예시는「위대하신 어머니」의 전문이거니와 수록시「엄마」와 함께 혈통의식을 가장 잘 일깨워주는 시편으로 제시될 수 있다고 봅니다. 고난과 가난 속에서도 희생과 봉사와 사랑으로 고난과 가난을 극복해주신 어머니에 대한 절절한 사모가 혈통은 물론 인륜의식을 일깨워주고 있습니다. 다른 시「엄마」에서 '내가 처음 태어나 제일 먼저 부른 그 이름 엄마'나 '엄마는 끊을 수 없는 가장 가까운 동무'라는 시행이 말해주듯이 혈통·인륜의식과 함께 가족사의 한 페이지를 읽게 해주고 있습니다.

이러한 혈통·인륜의식과 가족사적 고리는 시보다 산문에서 더 잘 드러나고 있는 것 같습니다. 2부 산문편에 실린「위대하신 우리 어머니」나,「어머니의 정원」,「어머니 얼굴」,「아버지와 쌀농사」등의 수필에서는 어머니에 대한 존경과 어머니가 베풀어 주신 모성애를 진솔하게 드러내주고 있고, 아버지에 대한 가장으로서의 역할과 아픈 시대를 살아가셨던 부성애에 대한 절절함이 가족사적 고리를 걸고 있음을 보여주고 있습니다.

다음은 그 세 번째인 힘겨웠던 이민의 생생한 고난사를 빼놓을 수 없을 것 같습니다.

1982년 두 아이를 데리고 결행한 미국에의 이민은 누구나 그랬던 것처럼 힘겨운 삶의 고난사였던 것 같습니다. 그런 삶의 단면을 고백적으로 보여준 수필「미국 이민」은 이민의 삶에서 체험했던 여러 역경의 삶들을 생생하게 보여주고 있습니다. 또 다른 수필「미국 시민권」도 같은 맥락에서 읽어볼 수 있는 이민의 애환이 잘 그려져 있어 설득력으로 작용하고 있습니다. 그리고 이 경우 사실적 기록에 의존되는 수필 형식이 더 용이했든지 시에서는 승화된 다른 모습을 보여주고 있어 생략하기로 합니다.

네 번째 시역이라 할 수 있는 시니어의 행복한 삶은 이민생활의 고난을 극복함으로써 수반되고 향유할 수 있는 삶의 행복과 함께 새로운 인생 출발로서의 문학에의 길을 걷게 된데서 연유했지 않았을까 추정해 봅니다. 모든 삶의 고달픔과 역경을 부려놓고 새로이 생을 다짐하며 출발한 시인으로서의 삶, 그것은 새로운 자기 발견이자 새로운 삶에로의 돌진쯤이 되고, 그 때문에- 행복한 삶이 될 수 있었을 것으로 여겨집니다.

몸은 석양(夕陽)의 들에 뉘엿거려도

눈빛은 총명한 학동(學童)이다

시는 무엇인가?

쓰고
읽고
듣고
오감(五感)을 곤두세운 무아경(無我境)

고희(古稀) 팔질(八耋) 구질(九秩)의 노구들
딱딱한 테이블에 둘러앉아
시상(詩想)을 떠올리며
애환(哀歡)의 추억을 시 속에 들춰낸다

문예반 문동(文童)이들
빨간 황혼의 들녘에서
시는 인생이다
서리 내린 머리에
인생의 의미를 그린다

시는 인생이다라고…

예시는 제1부 시편에서 골라본 시로서 시로써 출발한 노경의 심회가 잘 그려져 있습니다. '몸은 석양의 들에 뉘엿거려도'에서 읽게 하는 시니어 의식, '시는 무엇인가?'로 설의하면서 '오감을 곤두세운 무아경'이라고 시적 황홀경에 몰입하는 시의식, 시를 '인생을 그리는 의미'에서 '시는 인생'이라고 시와 인생을 동일시하는 것에서 시가 화자의 새로운 인생 출발이자 인생 자체라는 동일성의 등식을 읽게 하는데 이러한 시로써 사는 삶이 행복한 삶 그 자체라고 보아줄 수 있을 것 같습니다.

산문에서도 이러한 행복한 삶은 잘 나타나고 있습니다. 중앙시니어센터 시창작반 문동이로 참여하면서 즐겨했던「문예반 야외수업」,「단풍 속에 핀 호박꽃」,「중앙시니어센터」등의 수필은 시니어인 화자의 행복한 삶의 한 단면을 여실히 보여주고 있어 설득력을 획득하고 있습니다.

끝으로 주님의 사랑과 은혜에 감사할 줄 아는 돈독한 신앙심을 읽게 해주고 있다는 점도 간과할 수 없는 이순례 님의 문학의 정신적 근저로 제시될 수 있을 것으로 봅니다.

이민생활 어언 30년
고난의 삶이었지만
기도가 있었습니다

고난의 순간마다
찬송이 있었습니다

아프고 힘들 때마다
옷깃을 적시는
눈물의 기도가 있었습니다

캄캄한 골짝에서
방황할 때
목자의 음성을 들었습니다

날마다
내 영혼의 살아있는
인생의 시를 읊었습니다
그 때 마다 주님은
내 손을 꼭 잡아 주셨습니다
주님은! 주님은! 나의 목자입니다

예시는 「주님은 나의 목자」 전문이거니와 수록 시 「새벽기도」에서 볼 수 있는 신앙심의 돈독함을 보여주고 있습니다. 예시에서 각연 종행의 시어 '기도', '찬송', '목자의 음성', '주님은 나의 목자'가 말해주듯 기도와 찬송과 주님의 음성을 들을 수 있고 '내 손을 꼭 잡아'주시는 주님의 손길을 읽게 하는데 표현은 각기 달라도 주님의 인도하심을 좇는 신앙의 발로가 배어나고 있습니다.

시만이 아닙니다. 산문에서도 되풀이 되풀이 매 꼭지 말미에는 빠짐없이 '하나님이 들으시고 응답해주신 것 감사드린다'든지, '하나님의 크신 축복이 함께 하시기'라든지, '도와주신 하나님께 감사를 드린다'든지, '진심으로 하나님께 감사', '하나님 감사합니다', '축복해주신 하나님', '은혜를 다시 감사', '하나님께 간절히 기도드림' 등 수필 각 편의 말미에는 예외없이 하나님께 드리는 감사로 끝나고 있는데 이를 이순례 님의 돈독한 신앙심을 읽게 해주는 부분으로 제시할 수 있을 것 같습니다.

3. 결어

이상의 지적들은 이순례 님의 팔순기념문집『시와 산문』을 조명해 본 것에 불과합니다. 그 결과 결론으로 제시할 수 있는 것은 다양한 주제의 시적 승화와 진솔한 삶 고백적 진술이란 1행으로 마무리할 수 있을 것으로 봅니다. 축하와 함께 문운을 빕니다.

은선 이순례 팔순기념문집

시와 산문

2013년 6월 20일 인쇄
2013년 6월 30일 발행

지은이 / 이순례
발행인 / 박진환
펴낸곳 / 조선문학사
등록번호 / 1-2733
주소 / 110-092 서울 서대문구 홍제2동 96-4
전화 / 02)730-2255
팩스 / 02)723-9373

ISBN 978-89-98115-13-5

정가 15,000원

* 인지는 저자와 합의 하에 생략
* 잘못된 책은 서점에서 교환해 드립니다.